铁路职工培训信息技术应用实务

孙　强　朱学喜　著

中国铁道出版社有限公司

2022年·北　京

内 容 简 介

本书从职工培训管理、培训信息设备设施建设、培训应用软件使用等不同角度介绍铁路职工培训工作中常用的信息技术。全书分为八章,包括职工培训管理系统应用、职工培训资源的有效利用、虚拟现实技术应用、计算机机房的建设和管理、多媒体网络教室软件应用、云桌面的建设和使用、远程录播教室的建设和使用、微信公众号的应用。

本书既可供铁路局集团公司、运输站段、培训基地等不同层面的铁路职工培训工作人员参考和借鉴,也可作为铁路职工的岗位培训和参考用书。

图书在版编目(CIP)数据

铁路职工培训信息技术应用实务/孙强,朱学喜著.—北京:中国铁道出版社有限公司,2022.11

ISBN 978-7-113-29712-1

Ⅰ.①铁… Ⅱ.①孙… ②朱… Ⅲ.①铁路运输-信息系统-职业培训-教材 Ⅳ.①U29-39

中国版本图书馆 CIP 数据核字(2022)第 184456 号

书　　名:铁路职工培训信息技术应用实务

作　　者:孙　强　朱学喜

策　　划:张　彤　　　**编辑部电话**:(010)51873202

责任编辑:张　彤

封面设计:郑春鹏

责任校对:孙　玫

责任印制:樊启鹏

出版发行:中国铁道出版社有限公司(100054,北京市西城区右安门西街 8 号)

网　　址:http://www.tdpress.com/51eds/

印　　刷:北京联兴盛业印刷股份有限公司

版　　次:2022 年 11 月第 1 版　2022 年 11 月第 1 次印刷

开　　本:880 mm×1 230 mm　1/32　**印张**:5.75　**字数**:175 千

书　　号:ISBN 978-7-113-29712-1

定　　价:30.00 元

前　言

随着铁路的快速发展，大量新设备、新技术、新工艺和新流程不断涌现，对职工的岗位技能水平提出了更高的要求。着力培育一流的职工队伍，是推进铁路现代化建设事业蓬勃发展的关键所在。近年来，随着计算机技术和网络通信技术在铁路职工培训工作中的广泛应用，信息技术应用能力已经成为职工培训管理人员和广大专兼职教师必备的能力。

本书由孙强、朱学喜著，著者认真整理了多年从事铁路职工培训信息技术管理的工作经验和心得，从职工培训工作的实际需求出发，汇总整理出多个具有实用性和可操作性的信息技术应用案例。本书通过职工培训管理、培训信息设备设施建设、培训应用软件使用等不同角度介绍铁路职工培训工作中常用到的信息技术。全书共八章，包括职工培训管理系统应用、职工培训资源的有效利用、虚拟现实技术应用、计算机机房的建设和管理、多媒体网络教室软件应用、云桌面的建设与使用、远程录播教室的建设和使用、微信公众号的应用。本书内容用到了作者实际工作中使用的系统，相关名称使用了系统中的名称，未进行修改，如路局管理员、路局汇总、路局教材等。

本书以具体的应用系统、应用软件举例说明信息技术的应用原则、使用方法、运用技巧和注意事项，内容简明，实用性强，可操作性强，可供铁路局集团公司、运输站段、培训基地等不同层面的职工培训工作人员参考和借鉴。

由于时间仓促，水平有限，本书难免会出现不足之处，希望得到广大读者的批评指正。

著　者

2022 年 6 月

目　　录

第一章　职工培训管理系统应用

职工培训是铁路企业生产和发展中基础的、具体的、系统的、复杂的管理工程，是提高职工队伍素质的必由之路，是企业赖以生存和发展的源动力。运用信息技术开发职工培训管理系统，能够规范培训管理工作，实现培训数据快捷、准确的汇总和查询，是实现铁路企业信息化管理的重要组成部分。

第一节　系统概述

一、系统功能

职工培训管理系统应具备的主要功能包括：信息服务、系统管理、基础数据、职工管理、重点项目、日常培训、档案证书、经费管理、技能竞赛、培训需求征集、培训计划管理、培训班管理、培训资源管理等内容，如图 1-1 所示。

图 1-1　职工培训管理系统总体功能界面

(1)信息服务。用于管理员发布通知公告。通知公告可包括培训通知、人员调动通知、系统功能更新通知等内容。

(2)基础数据管理。管理系统应用的各类基础数据，主要包括机构管理和数据字典管理。

(3)职工管理。管理职工的基本信息，以及岗位调动、登录信息、变化情况等内容。

(4)重点项目管理。针对新职、转岗、晋升人员(以下简称三新人员)资格性培训、班组长培训、特殊工种培训和高铁人员资格性培训等重点培训项目的管理。

(5)日常培训管理。管理职工日常业务学习和实作演练等内容。

(6)档案证书管理。管理职工技术教育履历表和铁路岗位培训电子证书等内容。

(7)培训需求征集。管理年度职工培训需求信息等内容。

(8)培训计划管理。管理职工培训计划和站段职工培训计划。

(9)培训班管理。管理各类培训班的信息并进行过程控制和结果输出。

(10)培训资源管理。包括培训教材的查询、培训设施和教学设备的登记等。

二、系统构成

职工培训管理系统以组织机构、用户信息、培训档案、培训电子证书管理等铁路局域网应用为主体,部署在集团公司内部企业云平台,网络拓扑如图 1-2 所示。

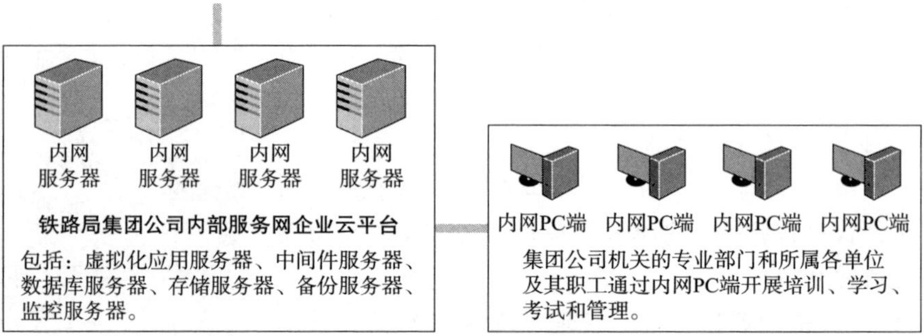

图 1-2 职工培训管理系统网络拓扑图

三、系统管理员

系统管理员主要包括:路局管理员、业务部审核管理员、业务部管理员、站段审核管理员、站段管理员、车间管理员和班组管理员。不同管理员拥有不同的系统管理权限和管理机构范围。

四、机构范围

按照培训组织工作的需要，将铁路局集团公司的机构范围划分为集团公司机关、站段、培训基地、多经公司、其他单位、局外单位和退出单位。

第二节　信息服务

职工培训管理系统的信息服务主要包括公告管理和个人资料设置两部分，如图 1-3 所示。

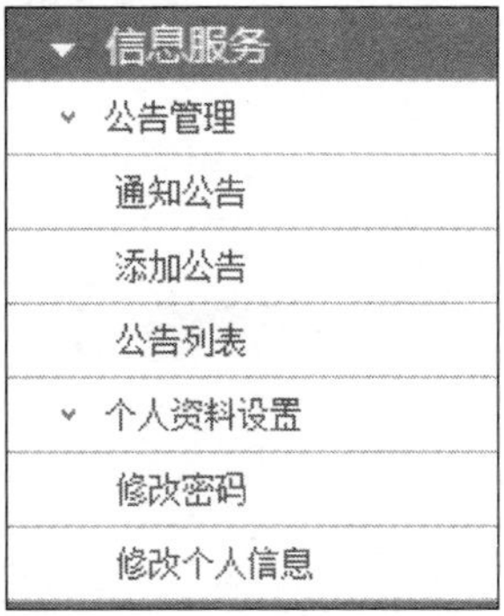

图 1-3　信息服务界面

一、公告管理

(1)通知公告。管理员和职工均可在本账号的工作室中查看通知公告。

(2)添加公告。管理员可通过编辑富文本(含多格式文本、图片、表格)文档编写公告内容，可以选择接收人员范围，范围限于本机构及下属机构的管理员或职工。

(3)公告列表。公告列表用于展示发布出去的所有公告，可在该页面进行修改，设置有效/无效、删除等操作。设置无效后，接收人员看不见此公告。

二、个人资料设置

(1)修改密码。管理员和职工均可在此界面进行修改密码，如图 1-4 所示。

(2)修改个人信息。管理员和职工可以在此界面修改个人的姓名、性别、电子邮件、办公电话等信息，如图 1-5 所示。

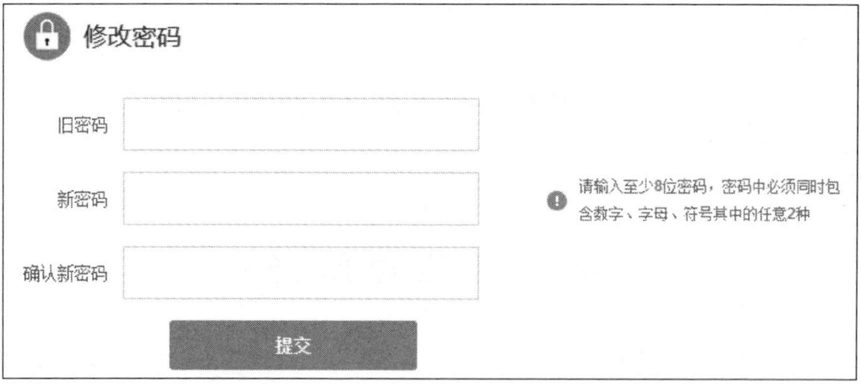

图 1-4　修改密码界面

图 1-5　修改个人信息界面

第三节　基础数据管理

基础数据管理主要包括机构管理和数据字典管理。机构管理限“路局管理员”“站段审核管理员”“站段管理员”角色设置，机构的设置范围由管理员账户的“机构范围”决定。数据字典管理主要由路局管理员角色负责设置。

一、机构管理

职工教育培训网络的生产机构分为三级，分别是站段级、车间(部门)级和班组级。生产机构的设置操作是否准确，决定后期职工自然信息和单位管理员信息的添加或批量导入操作能否成功。

(一)站段级机构管理

站段级机构管理，包括名称、编码、培训合格证书编号、培训证书电子印章(圆章)和培训考核电子印章(椭圆章)等内容，由路局管理员负责维护。

(二)车间(部门)级和班组级机构管理

车间(部门)级和班组级机构的名称由站段管理员负责维护，通过“基础数据”的“机构管理”功能进行操作。站段管理员应根据本单位的生产力布局调整，本着“有利于职工培训组织和开展”的原则进行设置。站段管理员通过“搜索”和“清空”按钮进行机构查询，通过“添加”和“删除”按钮进行机构增加和删除。

⚠ 注意：

只有该机构没有职工(包括退出人员)时才能删除。

二、数据字典管理

系统的数据字典包括职名(工种)、培训类型、课程类型、培训类别、特种作业名称、特种设备作业名称、高铁岗位、高铁线路规范化名称。

(一)职名(工种)管理

1. 设置职名(工种)及岗位

系统的职名(工种)及岗位设置由路局管理员负责，职名(工种)及岗位的内容不能删除、不能替换，可添加、可改正。

2. 选择工种

站段管理员应根据本单位职工的工种和岗位设置，通过“基础数据—选择工种”功能进行操作。站段管理员通过“搜索”和“清空”按钮进行已选工种的查询，通过“添加工种”和“删除工种”按钮进行工种的增加和删除。

⚠ **注意：**

只有本单位所有职工不再是此职名(工种)时，此职名(工种)才能删除。

3. 增加工种

站段管理员需要增加字典中没有的系统职名(工种)时，需按规定向路局管理员提出书面申请，申请通过后，由路局管理员添加新职名(工种)。

⚠ **注意：**

站段管理员提出申请前，应与本单位的劳资、人事部门确认需增加的职名(工种)名称。

(二)培训类型管理

培训类型是指培训班管理的“培训类型”字段，由路局管理员负责维护，培训类型的内容不能删除、不能替换，可添加、可改正。

⚠ **注意：**

三新人员、拟任班组长、高铁人员、班组长轮训的培训类型，会限定参培学员范围为管理台账的人员范围。

(三)课程类型管理

课程类型是指课程管理的“课程类型”字段，由路局管理员负责维护。

(四)培训类别管理

培训类别是指站段培训计划的“培训类别”字段，由路局管理员负责维护。

(五)特种作业名称和特种设备作业名称管理

特种作业名称和特种设备作业名称是指特种(设备)作业人员送培计划的“特种作业名称”和“特种设备作业名称”字段，由路局管理员负责维护。

(六)高铁岗位和高铁线路规范化名称管理

高铁岗位和高铁线路规范化名称是指高铁人员资格性培训情况登记表的“岗位名称”和“担当线路”字段，由路局管理员负责维护。

第四节　管理员设置

一、管理员登录

系统的各级管理员按照各自的操作权限进行系统设置，所有的系统管理员登录系统时，通过“管理员登录”入口进行系统登录。可通过设置管理员账号的“有效/无效”来启用或停用管理员的账号；可以通过“设置为初始密码”和“修改密码”来更改管理员账号的登录密码。

二、设置管理员

系统在初始化时，已根据集团公司机构设置，将各单位的默认管理员账户设置完成。集团公司机关各部门会初始化创建一个“业务部审核管理员”和“业务部管理员”，其他单位会初始化创建一个“站段审核管理员”。各单位通过初始化的“站段审核管理员”设置本单位的管理员。完成设置后，应删除初始化的“站段审核管理员”，禁止使用初始化的“站段审核管理员”进行培训管理相关操作。

系统的管理员账号主要由“路局管理员”“站段审核管理员”“站段管理员”设置和维护。路局管理员负责维护路局管理员的账号；负责初始化业务部审核管理员、业务部管理员、站段审核管理员角色的账号。站段审核管理员负责维护站段审核管理员、站段管理员、车间管理员、班组管理员角色的账号。站段管理员负责维护车间管理员、班组管理员角色的账号。

三、附属账号管理

为了方便管理员的系统操作和专项工作的专人管理，可以为一个管理员账号（主账号）创建多个附属账号，每个附属账号可单独配置角色。具有附属账号的管理员可以绕过系统登录环节，直接通过“角色切换”按钮，切换到指定角色。

路局管理员可以为“业务部审核管理员”创建“业务部管理员”等其他附属账号，但主账号必须为“业务部审核管理员”。

站段审核管理员可以为本单位管理员创建附属账号。创建时，主账号与附属账号的关系应符合“管理权限”从大到小的顺序要求，例如：创建“站段管理员”角色的附属账号时，主账号必须为“站段审核管理员”。

站段管理员可以为本单位“车间管理员”和“班组管理员”创建附属账号，角色限于“车间管理员”和“班组管理员”。

四、权限管理

管理员的权限管理是指对各级系统管理员进行操作权限设置。为了方便、快捷、规范地设置不同管理员的操作权限，系统中把不同操作权限的集合汇总为角色，角色分为内建角色和自定义角色两类。

（一）内建角色

内建角色在系统初始化时创建，由路局管理员统一管理，主要包括班组管理员、车间管理员、站段管理员、站段审核管理员、业务部管理员、业务部审核管理员、路局管理员、站段师资管理员、路局师资管理员、新闻管理员、站段经费管理员等角色，由路局管理员通过“权限管理”模块设置内建角色的权限。

1. 路局层面的内建角色

路局层面的内建角色主要包括业务部管理员、业务部审核管理员、路局管理员等。

(1)业务部管理员的主要权限：选择工种、查看职工基础信息、查看重点培训项目、组织抽考考试、查看职工电子档案、查看职工电子证书、查看站段送培计划、填报集团公司培训计划、查看站段培训计划、查看集团公司培训完成情况、查看站段培训完成情况、举办培训班、组织送培、查看培训班情况、登记师资个人工作量、查询培训资源、设置考试、管理资源库等。

(2)业务部审核管理员的主要权限：选择工种、查看职工基础信息、审核高铁人员资格性培训并签章、查看职工电子证书、查看集团公司培训计划、查看集团公司培训完成情况、审核资格性培训并签章、查看培训班情况、查看局级师资个人工作量(站段)、审核局级师资个人工作量(专业部)、申请和管理局级师资、设置考试、管理资源库等。

(3)路局管理员的主要权限：权限管理、管理员管理、设置机构、课程管理、数据字典管理、职工管理、查看重点培训项目、查看考试练兵情况、查看职工电子档案、查看职工电子证书、经费管理、查看技能竞赛登记、管理站段上报的送培计划、审核管理集团公司培训计划、查看站段培训计划、查看集团公司培训完成情况、查看站段培训完成情况、查看培训班情况、查询培训资源、设置考试、管理资源库等。

2. 站段层面的内建角色

站段层面的内建角色主要包括班组管理员、车间管理员、站段管理员、站段审核管理员等。

(1)班组管理员的主要权限:组织岗位练兵、查看职工电子证书、下载证书二维码、登记师资个人工作量等。

(2)车间管理员的主要权限:课程管理、选择工种、职工管理、组织考试练兵、查看职工电子档案、查看职工电子证书、下载证书二维码、技能竞赛登记、承办培训班、组织送培、登记师资个人工作量、设置考试、查看资源库等。

(3)站段管理员的主要权限:管理车间管理员、设置机构、课程管理、选择工种、职工管理、重点培训项目、组织考试练兵、查看职工电子档案、查看职工电子证书、技能竞赛登记、填报送培计划、填报站段培训计划、查看站段培训完成情况、组织送培、承办培训班、举办培训班、登记师资个人工作量、管理培训资源、设置考试、管理资源库等。

(4)站段审核管理员的主要权限:管理本单位管理、管理站段权限、设置机构、课程管理、选择工种、职工管理、审核资格性培训并签章、组织抽考考试、组织班前一考、查看职工电子档案、查看职工电子证书、审核提报经费季报、查看技能竞赛登记、查看送培计划、审核站段培训计划、查看站段培训完成情况、审核所承办培训班的培训小结、查看送培情况、查看培训班情况、登记师资个人工作量、设置考试、管理资源库等。

(二)自定义角色

站段审核管理员在内建角色不能满足需要时可设置自定义角色,仅限本单位范围内使用。站段审核管理员通过"站段权限管理"模块进行设置,自定义角色的操作权限在"站段审核管理员"和"站段管理员"两个角色的操作权限范围内选择。

五、注意事项

(1)各级系统管理员账号实行"实名制管理",管理员应如实登记本人姓名、手机号、身份证号等个人信息,保管好个人账号信息,如因工作岗位调整或其他原因导致管理员变动,应按规定停用、启用管理员账号并做好工作交接。

(2)设置系统管理员的"所属单位"时,应结合此管理员的角色进行选择,角色为"站段审核管理员""站段管理员"的,"所属单位"应选择站段名称，而不应选择具体部门名称。

(3)“站段审核管理员”角色原则上应由各单位培训主管部门负责人担任。

(4)删除管理员账号时，应先在“附属账号管理”中删除关联账号。

第五节　职工管理

职工管理主要包括职工自然信息管理、培训重点人员管理、职工调动管理、职工退出管理、职工登录管理、变化情况管理和职工信息删除等内容。职工自然信息管理、培训重点人员管理和变化情况管理主要由站段管理员负责设置；职工调动管理、职工退出管理和职工登录管理主要由站段管理员和车间管理员负责设置；职工信息删除由站段审核管理员负责设置。职工管理主界面如图 1-6 所示。

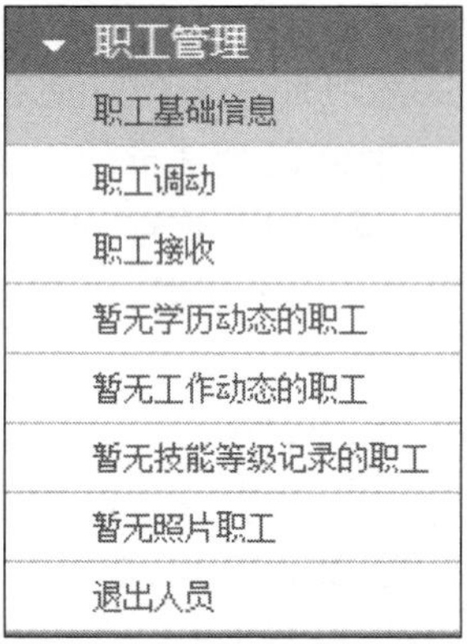

图 1-6　职工管理主界面

一、职工自然信息管理

(一)主要内容

职工自然信息主要包括档案编号、姓名、身份证号、单位名称、所在车间(部门)、所在班组、性别、出生日期、民族、文化程度、参加工作时间、入路时间、人员来源、职名(工种)、技能等级、用工类别、人员状态、岗位聘任等级、是否班组长、一寸彩色免冠照片等。

职工的档案编号与证书编号一致，由“铁路局编号”、“单位编码”及“职工身份证号”组成，用“—”号分隔。用工类别包括“合同制”和“劳务派遣”两类。人员状态包括“在岗”和“非在岗”两类，“非在岗”人员不在“电子证书管理”列表中显示。

(二)管理要求

(1)职工的自然信息数据来源于单位劳资或人事部门，由单位站段管理员负责维护，有条件的应做到专人负责。

(2)职工的自然信息分别显示在“铁路岗位培训电子证书”和“职工技术教育履历表”中，单位站段管理员应依据劳资或人事部门发布的通知及时进行数据动态更新。

(3)职工照片管理。职工照片应为本人近期1寸彩色免冠照片，电子照片的文件格式、清晰度和大小应符合系统的要求。职工照片由站段管理员或车间管理员负责维护，可通过“暂无照片职工”模块查询没有照片的职工。职工照片分别显示在职工的电子证书、电子档案、培训工作室中，关系到现场职工本人身份的确认，必须保证清晰、准确。

(三)操作注意事项

(1)“用户名”字段由系统自动生成，用8位阿拉伯数字组成，是该职工在系统的唯一标识。

(2)“电子证书是否展示”字段决定该人员是否在“电子证书管理”列表中显示。

(3)“是否有效”字段决定该人员能否登录系统进行学习和培训。

(4)“自定义字段1”“自定义字段2”“自定义字段3”“自定义字段4”“自定义字段5”可用于对特定范围人员进行标注，实现自定义内容的人员筛选操作。

(5)“班组长”和“是否具备班组长资质”两个字段的内容，有一个内容为“是”的，该职工将纳入系统的“班组长培训情况管理”台账中。

(6)对话框中的“所属机构”显示本单位生产机构目录树，目录树的内容由车间(部门)级和班组级机构设置决定；“职工(工种)”显示本单位职工(工种)目录树，目录树的内容由本单位“选择工种”的范围决定；“岗位”显示的内容，由选择的“职工(工种)”内容决定。

(7)在搜索条件中，除了“身份证”和“手机”是精确查询(必须输入完整号码)外，其他条件均为模糊查询(输入部分关键字)或下拉列表选择。

(8)各个搜索条件之间是“与”的关系，即显示符合所有查询条件的人员信息。搜索条件的输入内容一直保存到浏览器窗口关闭，进行多次条件查询时，应及时使用“清空”按钮清空搜索框的历史信息。

(9)需要对特定范围内的职工进行批量操作时，先利用搜索条件确定职工，再将职工的原始信息导出Excel表，最后将更新内容的Excel表导入。导入前，应确认Excel表的所有字段内容完整准确，避免误操作。

二、培训重点人员管理

培训重点人员包括高铁人员、具备班组长资质人员、特种（设备）作业人员、营业线施工安全专项培训合格人员等。培训重点人员由站段管理员依据该人员是否具备相应的“资格性培训合格证”或“特种（设备）作业安全操作证”确定。

（一）高铁人员

高铁人员是指具备相应高铁岗位“资格性培训合格证”的人员，在“职工基本信息管理”的“岗位类别”字段显示“高铁”。

注意：

“岗位类别”字段显示“高铁”的人员，没有自动导入到“高铁人员资格性培训情况登记表”台账中，需要通过“高铁人员资格性培训情况登记表”的“添加”或“批量导入”按钮添加人员。

（二）具备班组长资质人员

具备班组长资质人员是指具备班组长任职资格的“资格性培训合格证”的人员，在“职工基本信息管理”的“是否具备班组长资质”字段显示“是”。

注意：

“是否具备班组长资质”字段显示“是”的人员，自动导入到“班组长培训情况管理”台账中。

（三）特种（设备）作业人员

特种（设备）作业人员是指具备相应作业类别和操作项目的“特种（设备）作业安全操作证”的人员，在“职工基本信息管理”的“特种（设备）作业人员”字段显示“是”。

注意：

“特种（设备）作业人员”字段显示“是”的人员，没有自动导入到“特殊工种培训”台账中，需要通过“特殊工种培训”的“添加”或“导入特殊工种”按钮添加人员。

（四）营业线施工安全专项培训合格人员

营业线施工安全专项培训合格人员是指具备营业线施工安全专项培

训的“资格性培训合格证”的人员，在“职工基本信息管理”的“营业线施工安全专项培训合格人员”字段显示“是”。

三、职工调动管理

（一）职工调动的分类

职工调动分为站段之间调动和车间（部门）之间调动两类，站段之间调动的，由调出单位的站段管理员和调入单位站段管理员进行“职工调动”和“职工接收”操作。车间（部门）之间调动的，由调出车间（部门）的车间管理员和调入车间（部门）的车间管理员进行“职工调动”和“职工接收”操作。

（二）调出操作

调出单位或车间（部门）管理员可以通过“职工调动”查看调出的职工，对于“调动状态”为“调动中”的（未接收的）职工，可以进行“取消调动”操作。

（三）调入操作

调入单位或车间（部门）管理员可以通过“职工接收”查看需调入和已调入的职工，对于“调动状态”为“调动中”的（未接收的）职工，可以进行“接收/拒绝”操作。

（四）相关要求

（1）调出单位在系统进行“职工调动”操作后，应及时通知调入单位，调入单位接到通知后，应及时进行“接收”操作，保证职工参加岗位培训不中断。

（2）调出单位和调入单位应做好调出职工的培训纸质档案交接。

四、职工退出管理

（一）退出人员的确定

不再从事操作技能岗位的人员或调出系统管理范围的人员应纳入退出人员，例如：纳入干部培训范围的人员，退休、辞职、解除劳动合同的人员，以及死亡的人员。

⚠ **注意：**

属于系统范围内各单位间调动的人员，不能纳入退出人员。

（二）退出人员的操作

站段管理员和车间管理员可对职工进行“退出人员”操作，在“退出人员”中可进行“取消退出人员”操作。

（三）退出人员的查看

职工纳入退出人员后，只能在“退出人员”中查看，各类培训和考试的学员管理和考生管理均不能再选择此人，在职工基础信息、电子档案和电子证书中均不能查询此人。

五、职工登录管理

（一）启用和停用账号

站段管理员通过“设为有效/无效”按钮启用或停用职工账号。

（二）登录密码管理

站段管理员和车间管理员通过“设置为初始密码”和“修改密码”按钮管理职工登录密码。

（三）模拟登录

站段管理员可通过“模拟登录”功能链接，查看职工登录系统参加培训和考试的情况。

⚠ **注意：**

禁止通过“模拟登录”参加职工的培训和考试。

六、变化情况管理

职工的变化情况主要包括学历教育经历、岗位变动经历和技能等级变化等情况，由站段管理员通过“电子档案管理”模块进行信息维护。

（一）学历教育经历管理

站段管理员可通过“学历动态导入”按钮，批量导入职工的学历教育经历信息，可通过“学历动态”功能链接逐条添加、删除、修改职工的学历教育经历信息。职工的学历教育经历信息将在“职工电子档案”和“职工电子证书”上分别显示。可通过“职工管理”模块的“暂无学历动态的职工”功能查询没有学历教育经历信息的职工。

（二）岗位变动经历管理

站段管理员可通过“岗位变动导入”按钮，批量导入职工的岗位变动经历信息，可通过“岗位变动”功能链接逐条添加、删除、修改职工的岗位变动经历信息。职工的岗位变动经历信息将在“职工电子档案”和“职工电子证书”上分别显示。可通过“职工管理”模块的“暂无工作动态的职工”功能查询没有岗位变动经历信息的职工。

（三）技能等级变化管理

站段管理员可通过“技能等级导入”按钮，批量导入职工的技能等级变化信息，可通过“技能鉴定考核等级”功能链接逐条添加、删除、修改职工的技能等级变化信息。职工的技能等级变化信息将在“职工电子档案”上显示。可通过“职工管理”模块的“暂无技能等级记录的职工”模块查询没有技能等级变化信息的职工。

七、职工信息删除管理

职工信息的删除操作仅限站段审核管理员使用。

注意：

参加过系统的培训和考试的职工，其信息不能被删除。

第六节　重点培训项目管理

重点培训项目包括：三新人员培训管理、班组长培训、特殊工种培训和高铁人员培训管理，如图 1-7 所示。重点人员培训均需要先将职工添加到培训登记表中。

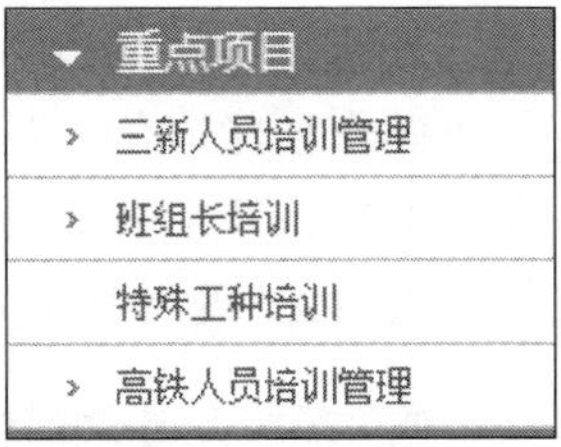

图 1-7　重点培训项目管理界面

一、三新人员培训管理

三新人员包括新职、转岗、晋升人员，应执行《集团公司新职、转岗、晋升人员资格性培训管理办法》的相关办法。

注意：

（1）签发三新人员的“资格性培训合格证”时，应通过“三新人员资格性培训情况登记表”设置登证、存档和签章。

（2）三新人员资格性培训的各类培训班，需要按照“安全”“理论”“实作”的固定科目登记开始/结束日期、汇总学时、计算成绩、登记培训实施单位。

(3)接收到职工定职令后，除了登记“三新台账”外，还应到职工基础信息中更新职名(工种)和岗位，属于转岗或晋升的，还应在电子档案中登记“岗位变动”情况。

二、班组长培训

班组长培训应执行《集团公司班组长培训管理办法》的相关要求，每两年至少进行一次班组长轮训。

注意：

(1)每名职工在“班组长培训情况管理”登记表只限一行记录。

(2)拟任班组长资格性培训和班组长轮训情况记录通过主类型为“拟任班组长”和“班组长轮训”的培训班自动归入到登记表中，未归入的可使用“与证书同步”按钮进行数据同步。

(3)接收到班组长任职令后，除了登记“班组长台账”外，还应到职工基础信息中更新“班组长”字段。

三、特殊工种培训

特殊工种人员包括特种作业人员和特种设备作业人员，应执行《集团公司操作技能岗位人员安全培训管理办法》的相关要求。站段管理员应根据本单位职工有效的“中华人民共和国特种作业操作证”和“特种设备作业人员证”进行登记，杜绝重复登记。

四、高铁人员培训管理

高铁人员资格性培训应执行《集团公司高速铁路运营人员培训管理办法》的相关要求。高铁人员适应性培训的形式和学时应符合要求。

注意：

(1)签发高铁人员“资格性培训合格证”时，应通过“高铁人员资格性培训情况登记表”设置登证和签章。

(2)批量导入时，对于登证状态为“历史导入”的，导入后记录的“签章状态”字段为空；为“待登证”的，导入后记录的“签章状态”字段为“待签章”。

(3)高铁人员资格性培训班的成绩管理中，可将各科目的培训情况及成绩按照“安全”“理论”“实作”的固定科目对应登记。

(4)申请签章时,应选择相应的集团公司部室,由专业部审核管理员负责审核签章。

(5)接收到职工定职令后,应到职工基础信息中更新职名(工种)和岗位,将“岗位类别”设置为“高铁”,还应在电子档案中登记“岗位变动”情况。

(6)高铁运营人员综合统计表。用于路局管理员统计各单位不同专业系统高铁岗位的“具备资格”“已上岗”“待上岗”“培训中”的人数。

(7)高铁各类培训班统计表。用于路局管理员统计各举办单位完成的高铁培训班的“期数”“人次数”,以及“国铁集团培训”“局培训”“站段培训”的“期数”“人数”“人学时”。

第七节 日常培训管理

日常培训包括“岗位练兵”“抽考考试”“技能演练”“班前一考”。用于登记职工日常业务学习和实作演练的开展情况。《集团公司职工教育培训实施办法》和《集团公司操作技能岗位人员安全培训管理办法》均对日常培训提出要求。

一、岗位练兵

由站段管理员、车间管理员和班组管理员设置,班组应经常性地开展岗位练兵活动。通过“管理学员”设定参加人员范围,可设置线上考试自动回传考试成绩,也可通过线下考试,输入考试结果。参加的职工登录“云课堂”,通过左侧的“我的岗位练兵”参加线上考试。

⚠ **注意:**

职工只能参加岗位练兵指定的起止日期内的考试。

二、抽考考试

集团公司定期组织职工抽考,站段应每月组织职工抽考,由专业部管理员、站段管理员或车间管理员设置。抽考类别包括路局、专业部、站段、车间和班组,需要设置合格分数线。可通过“管理学员”中的“一键抽考”设定参加人员范围,对于路局类抽考,有 12 个月内不重复选人(成绩合格人员）的限制。可设置线上考试自动回传考试成绩，线上考试增加“验证码”控制考试；也可通过线下考试，输入考试结果。参加的职工登录“云课堂”，通过左侧的“我的抽考考试”进行线上考试，设置考试验证码的，必须正确输入验证码后才能参加线上考试。

⚠ **注意：**

职工只能参加抽考考试指定的起止日期内的考试。

三、技能演练

由站段管理员、车间管理员设置，车间应每季度组织技能演练。通过“管理学员”设定参加人员范围，可设置线上考试自动回传考试成绩，也可通过线下考试，输入考试结果。参加的职工登录“云课堂”，通过左侧的“我的技能演练”参加线上考试。

⚠ **注意：**

职工只能参加技能演练指定的起止日期内的考试。

四、班前一考

站段应经常性地开展班前一题学习考试，班前一考由站段管理员、车间管理员设置。通过“管理学员”设定参加人员范围，设置线上考试自动回传考试成绩，可查看每名学员的多次成绩列表。参加的职工登录“云课堂”，通过左侧的“我的班前一考”参加考试。

⚠ **注意：**

职工只能参加班前一考指定的起止日期内的考试。

第八节　培训档案证书管理

一、职工培训电子档案

职工培训电子档案由培训管理系统生成，包括职工自然信息、学历教育经历、资格性培训记录、适应性培训记录、技能等级变动情况、技能竞赛获奖情况、岗位变动经历，具体表现为“职工技术教育履历表”，格式见表 1-1。

表 1-1　职工技术教育履历表

<table>
<tr><td>姓名</td><td></td><td>性别</td><td></td><td>出生日期</td><td></td><td rowspan="3">照片</td></tr>
<tr><td>文化程度</td><td></td><td>民族</td><td></td><td>参加
工作时间</td><td></td></tr>
<tr><td>职名</td><td></td><td>技能等级</td><td></td><td>入路时间</td><td></td></tr>
<tr><td>人员来源</td><td></td><td>所在车间
（部门）</td><td></td><td>所在班组</td><td></td><td>是否
班组长</td></tr>
<tr><td colspan="7">文化、岗位、技能等级变化情况</td></tr>
<tr><td rowspan="4">学历教育</td><td>举办学校</td><td>专业名称</td><td>学历层次</td><td>学习方式</td><td>入学时间</td><td>毕业时间</td></tr>
<tr><td></td><td></td><td></td><td></td><td></td><td></td></tr>
<tr><td></td><td></td><td></td><td></td><td></td><td></td></tr>
<tr><td></td><td></td><td></td><td></td><td></td><td></td></tr>
<tr><td rowspan="5">岗位经历</td><td>变动时间</td><td colspan="2">变动前职名</td><td colspan="2">变动后职名</td><td>备注</td></tr>
<tr><td></td><td colspan="2"></td><td colspan="2"></td><td></td></tr>
<tr><td></td><td colspan="2"></td><td colspan="2"></td><td></td></tr>
<tr><td></td><td colspan="2"></td><td colspan="2"></td><td></td></tr>
<tr><td></td><td colspan="2"></td><td colspan="2"></td><td></td></tr>
<tr><td>技能等级</td><td>初级</td><td>中级</td><td>高级</td><td>技师</td><td>高级技师</td><td>备注</td></tr>
<tr><td>取证时间</td><td></td><td></td><td></td><td></td><td></td><td></td></tr>
<tr><td colspan="7">技能竞赛获奖记录</td></tr>
<tr><td>时间</td><td>举办单位</td><td>竞赛类别</td><td colspan="2">竞赛名称</td><td>取得名次</td><td>获奖称号</td></tr>
<tr><td></td><td></td><td></td><td colspan="2"></td><td></td><td></td></tr>
<tr><td></td><td></td><td></td><td colspan="2"></td><td></td><td></td></tr>
<tr><td></td><td></td><td></td><td colspan="2"></td><td></td><td></td></tr>
</table>

<table>
<tr><td colspan="6">培训考核记录</td><td colspan="6">培训考核记录</td></tr>
<tr><td rowspan="2">培训项目</td><td rowspan="2">起始日期</td><td rowspan="2">结束日期</td><td colspan="3">考试科目成绩</td><td rowspan="2">培训项目</td><td rowspan="2">起始日期</td><td rowspan="2">结束日期</td><td colspan="3">考试科目成绩</td></tr>
<tr><td></td><td></td><td></td><td></td><td></td><td></td></tr>
<tr><td></td><td></td><td></td><td></td><td></td><td></td><td></td><td></td><td></td><td></td><td></td><td></td></tr>
<tr><td></td><td></td><td></td><td></td><td></td><td></td><td></td><td></td><td></td><td></td><td></td><td></td></tr>
<tr><td></td><td></td><td></td><td></td><td></td><td></td><td></td><td></td><td></td><td></td><td></td><td></td></tr>
</table>

“职工技术教育履历表”的职工自然信息和工作信息来源于本文“职工管理”功能的职工信息库；职工的文化程度变化情况、岗位变化情况和技能等级变化情况由管理员按要求维护相关信息；职工的培训考核记录分别来源于历史培训记录和培训管理系统产生的培训记录，数据来源如图 1-8 所示。

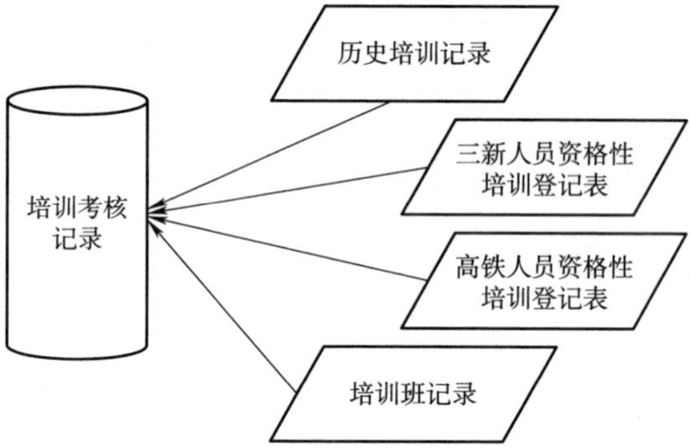

图 1-8　培训考核记录的来源

二、铁路岗位培训电子证书

“铁路岗位培训电子证书”是记载铁路从业人员接受岗位培训情况及考核结果的凭证，是从业人员上岗、转岗、晋升的重要依据，格式以国铁集团印发的《铁路岗位培训电子证书管理办法》规定为准。

“铁路岗位培训电子证书”与职工培训电子档案数据关联，由系统生成，可通过电脑终端、移动终端进行访问浏览和检索查询。移动终端通过扫描职工的电子证书“二维码”，通过互联网进行查询，可以实现工作现场不具备铁路局域网条件下的证书查询。

“铁路岗位培训电子证书”内容包括职工自然信息、学历教育情况、资格性培训情况、适应性培训情况、岗位变动经历等。

管理员可以通过电子证书的数据管理功能，编辑导入的历史培训记录内容；对于由三新人员资格性培训登记表、高铁人员资格性培训登记表和各类培训班写入的培训记录，只能通过“取消登证”功能删除原有的培训记录，重新填写三新人员资格性培训登记表、高铁人员资格性培训登记表或重新履行培训班管理流程，再通过“设置登证”功能写入新的培训记录。

第九节　培训需求征集

职工教育培训需求征集包括拟任班组长岗前资格培训送培计划、营业线施工安全专项培训送培计划和特种(设备)作业人员送培计划，共三个类别。送培计划由站段管理员填写，完成后向路局管理员提报。路局管理员对站段提报的需求进行查看汇总后，根据培训需求制定下一年度的集团公司培训计划。

注意：

(1)各单位每年度的拟任班组长岗前资格培训和营业线施工安全专项培训只能提报一条送培计划；对于特种(设备)作业人员，每个作业名称只能提报一条送培计划。

(2)送培计划的提报状态在“已提报”时，不能修改和删除。

(3)特种(设备)作业人员送培计划的“特种作业名称”和“特种设备作业名称”由路局管理员设置，站段管理员填报送培计划时选择。

(4)特种(设备)作业人员送培计划提供批量导入功能。

第十节　培训计划管理

培训计划包括集团公司培训计划和站段培训计划两类。集团公司培训计划是集团公司自办培训班和集团公司委外培训班的项目依据。站段培训计划是站段自办培训班和站段委外培训班的项目依据，如图 1-9 所示。

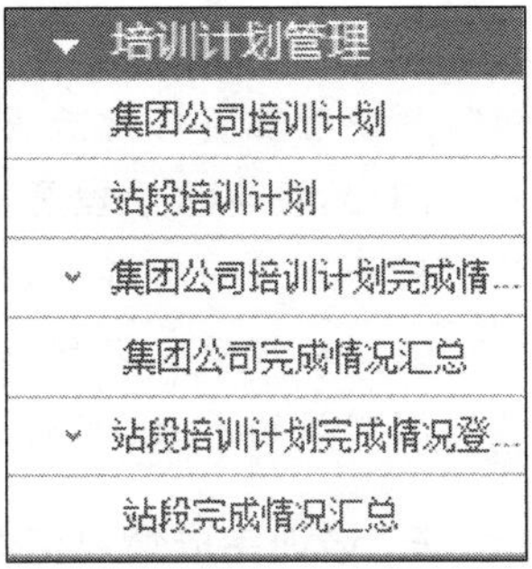

图 1-9　培训计划管理界面

一、集团公司培训计划管理

集团公司培训计划由专业部管理员创建，完成后向路局管理员提报，路局管理员审核通过的集团公司培训计划，才能作为创建集团公司自办培训班和集团公司委外培训班的项目依据。

⚠ **注意：**

(1)培训计划的审核状态为“待提报”的和“被退回”且未被培训班引用的，才能进行修改和删除。

(2)培训计划未被培训班引用，需要修改时，路局管理员应“退回”，专业部管理员修改后再“提报”。

(3)路局管理员可以对失效的培训计划进行“取消计划”操作，已取消的计划仍保留备查但不能被培训班引用。

(4)审核通过的培训计划编号相同时，可进行“重新编号”操作。

(5)“培训项目名称”会出现在职工的证书和档案中。

(6)被培训班引用的培训计划，路局管理员可以调整“期数”和“计划人数”，“计划人数”影响培训计划兑现率。

二、站段培训计划管理

站段培训计划由站段管理员创建，完成后向站段审核管理员提报，站段审核管理员审核通过的站段培训计划，才能作为创建站段自办培训班和站段委外培训班的项目依据。

⚠ **注意：**

(1)培训计划的审核状态为“待提报”的和“被退回”且未被培训班引用的，才能进行修改和删除。

(2)培训计划未被培训班引用，需要修改时，站段审核管理员应“退回”，站段管理员修改后再“提报”。

(3)站段审核管理员可以对失效的培训计划进行“取消计划”操作，已取消的计划仍保留备查但不能作为培训班的项目依据。

(4)“培训项目名称”会出现在职工的证书和档案中。

(5)“计划人数”影响培训计划兑现率。

三、培训完成情况汇总

(1)集团公司培训完成情况汇总。专业部管理员、专业部审核管理员和路局管理员可以查看可见机构范围内的集团公司培训计划完成情况汇总。

(2)站段培训完成情况汇总。站段管理员和站段审核管理员可以查看本单位的站段培训计划完成情况汇总。

(3)汇总方法。

①完成期数:已结束的培训班期数之和。单击数字可查看已结束的培训班列表。

②实际人数:已结束的培训班实际培训人数之和。站段培训完成情况汇总的实际人数,单击数字可查看已结束的培训班详情列表。

③培训合格人数:已结束的培训班考试(考核)合格人数之和。

④兑现率:实际人数除以计划人数的百分比。

⑤电报人数:已结束的培训班计划人数之和。

⑥人学时数:已结束的培训班人学时数之和。

第十一节　培训班管理

培训管理系统的培训班包括集团公司委外培训班、集团公司自办培训班、站段委外培训班、站段自办培训班和送国铁集团培训班,共五类培训班。培训班的基本信息及考试成绩、报名表、教学履历书、小结以及补考名单等附件,是培训班管理过程和培训结果的原始资料,需要管理员如实填写。

一、培训班的基本信息

培训班的基本信息包括项目名称及编号、培训班名称及编号、培训性质、主培训类型、培训形式、计划培训人数、举办单位、实施单位、办班地点、开始日期、结束日期、项目负责人、班主任、结业方式、培训科目等内容。

注意:

(1)项目名称及编号:除送国铁集团培训班外,创建培训班时需要选择培训计划,培训计划项目名称相同时,通过项目编号区分。

(2)培训班名称:未结束的培训班名称将出现在学员的云课堂中。

(3)培训性质:从“资格性培训”和“适应性培训”中选择,培训性质不同,登证管理流程不同。

(4)主培训类型:从列表中选择,“班组长轮训”“高铁人员”“拟任班组长”“三新人员”类型的培训班参培人员范围限定为管理台账中的人员。

(5)培训实施单位：具备除“添加”“删除”“批量导入”等权限外的培训班管理权限。

(6)结业方式：从“考试”和“考核”中选择。选择考试的，可以设置线上考试；选择考核的，需要输入考核结果。

图1-10为集团公司委外培训班基本信息界面。

图1-10　集团公司委外培训班基本信息界面

二、培训班的附件

培训班的附件包括办班电报、名额分配、线上课程、管理学员、成绩管理、培训班报名表、教学履历书、培训班小结、补考名单、补培登记等内容。

注意：

(1)名额分配：可以为下属单位(部门)设置参培名额。

(2)线上课程：可选择“审核通过”且“有效”的课程，用于职工在线学习。

(3)管理学员：只限培训班状态为“报名中”时使用。

(4)成绩管理：线下考试成绩和考核结果需要在此输入。专业部审核管理员、站段审核管理员可修改未结束的培训班线上考试成绩。已结束的培训班不能再修改成绩。

(5)教学履历书：培训班创建后，应设置课程计划；培训班结束报名后，应设置教学日志和学员签到。

(6)培训班小结：结束培训班前，应总结培训班完成情况，经站段审核管理员审核通过。

(7)补考名单：从成绩不合格人员中选择人员参加补考，已结束的培训班不能再添加补考学员。

(8)补培登记：站段自办适应性培训班结束后，登记培训不合格人员的补培情况。

三、培训班的内容联动

培训班的主培训类型为下列特定类型的，会自动更新相应的内容：

(1)班组长轮训：职工培训合格并完成登证后，班组长培训情况管理台账中会登记职工的班组长轮训记录。

(2)拟任班组长：职工培训合格并完成登证后，班组长培训情况管理台账中会登记职工的班组长任职资格培训记录，将职工基础信息中"是否具备班组长资质"改为"是"。

(3)营业线施工安全专项：职工培训合格并完成登证后，将职工基础信息中"营业线施工安全专项培训合格人员"改为"是"。

(4)高铁人员：职工培训合格后，可将相应的培训科目成绩及培训信息，按照"安全""理论""实作"的固定科目，登入高铁人员资格性培训情况登记表中。

四、培训班的状态控制

各类培训班的状态包括：待报名(创建培训班后)、报名中(开始报名后)、培训中(结束报名后)、结束培训班(结束培训班后)。

(1)报名中：教学履历书中的"课程计划"不能再修改。

(2)培训中：不能再调整培训班的学员。

(3)结束培训班：结束培训班前必须完成"培训班小结"的审核，结束培训班后不能再修改培训班的学员考试成绩和考核结果。

五、登证、存档与签章

适应性培训班可进行登证、存档操作；资格性培训班可进行登证、存档和签章操作。

⚠ **注意：**

(1)培训班的部分学员需要在“结束培训班”前登证、存档的，必须在“结束报名后”操作；多批学员的登证、存档需要多次操作；补培的学员，在补培登记中设置登证、存档。

(2)集团公司委外培训班和集团公司自办培训班进行登证、存档后，举办单位固定为“集团公司”。

(3)送国铁集团培训班进行登证、存档后，举办单位固定为“国铁集团”。

(4)资格性培训班的主类型为“拟任班组长”的，所依据的培训计划项目名称应为“班组长任职资格培训”。

(5)资格性培训班的主类型为“营业线施工安全专项”的，所依据的培训计划项目名称应为“营业线施工安全专项培训”。

六、培训班的管理流程

(一)集团公司委外培训班

由专业部管理员依据集团公司培训计划创建和维护，管理流程还涉及参培单位的站段管理员和专业部审核管理员。基本流程为：专业部管理员设置培训班→参培单位组织送培人员→专业部审核管理员审核并签发证书。

(二)集团公司自办培训班

由专业部管理员依据集团公司培训计划创建和维护，管理流程还涉及参培单位的站段管理员和专业部审核管理员。基本流程为：专业部管理员创建培训班→培训实施单位的站段管理员维护培训班信息→培训实施单位的站段审核管理员审核培训班信息→参培单位组织送培人员→专业部审核管理员审核并签发证书。

(三)站段委外培训班

由站段管理员依据站段培训计划创建和维护，管理流程还涉及参培部门的车间管理员和站段审核管理员。基本流程为：站段管理员设置培训班→参培车间组织送培人员→站段审核管理员审核并签发证书。

(四)站段自办培训班

由站段管理员依据站段培训计划创建，由培训实施单位(部门)的站段管理员或车间管理员维护，管理流程还涉及参培部门的车间管理员和站段审核管理员。需要特别注意的是，培训实施单位(车间)管理员负责已结束的适应性培训班培训不合格人员的补培情况登记。基本流程为：站段管理员创建培训班→培训实施的车间管理员维护培训班信息→参培车间组织送培人员→站段审核管理员审核并签发证书。

（五）送国铁集团培训班

由站段管理员创建，管理流程还涉及站段审核管理员。基本流程为：站段管理员设置培训班→参培单位组织送培人员→站段审核管理员审核并签发证书。

第十二节　培训基础管理

培训管理系统的基础管理包括培训教材管理、培训设备管理、培训师资管理和培训经费管理等内容。

一、培训教材管理

职工培训教材管理包括站段登记和路局汇总两部分内容。

（一）站段登记

由站段管理员登记培训教材的信息，主要包括教材名称、教材种类、教材形式、主编人员、主审人员、出版单位、出版日期、教材来源、配发日期、教材单价、教材数量、内容字数、学习时长、使用范围等内容。

（二）路局汇总

路局管理员可汇总查询集团公司所有站段的职工培训教材登记情况，可查看具体单位的职工培训教材登记表，如图 1-11 所示。

单位名称	文字教材数量	音像教材数量	多媒体教材数量	题库数量	国铁集团统编...	集团公司统编...	单位自编数量	统配教材数量	自购教材数量	自编教材数量	查看详情
石家庄电力机...	125171				124111	1060		45106	66664	13401	查看详情
唐山车务段	34236		40		4051	2597	8777	23535	1964	8777	查看详情
唐山供电段	32354				13440	3713	14950	12993	4411	14950	查看详情
怀柔北机务段	20272	1		770	2185	5164	21845	2840	5558	21645	查看详情
唐山站	26268	9		595	981	12321	13518	12041	10393	4438	查看详情
天津车辆段	20498	3		2327	7093	15231	295	17790	4743	295	查看详情
北京电务段	18436				3516	11655	1600	8251	8185	2000	查看详情
天津站	18025					15320	2705	4654	10664	2707	查看详情

图 1-11　路局教材汇总界面

二、培训设备管理

培训设备管理包括站段登记和路局汇总两部分内容。

(一)站段登记

由站段管理员登记培训设备的信息,主要包括设备名称、规格型号、资产类型、数量、单位、单价、配置日期、配置地点、保管人、设备来源、设备状态等内容。

(二)路局汇总

路局管理员可汇总查询集团公司所有站段的培训设备登记情况,可查看具体单位的培训设备登记表。

三、培训师资管理

培训管理系统对于培训师资管理分为培训师资选聘、培训师资工作量登记和培训师资工作量审核三部分内容。

(一)培训师资选聘

培训师资选聘分为站段级师资选聘和路局级师资选聘。

(1)站段级师资选聘。由站段审核管理员在本单位的站段管理员或车间管理员中选定。

(2)路局级师资选聘。由专业部管理员在本系统的站段级师资中选定。

(二)培训师资工作量登记

被选聘的培训师资需要根据本人的实际教学工作量进行师资工作量登记,工作量主要包括授课课时、授课教案、教材编写、教材审定、题库编写、考试监考和培训计划制定等内容。

(三)培训师资工作量审核

站段级师资工作量由站段审核管理员审核;路局级师资工作量由专业部管理员审核。

四、培训经费管理

培训经费管理分为路局培训经费管理和站段培训经费管理两部分内容。

（一）路局培训经费管理

路局培训经费管理由路局管理员负责，主要包括预算管理、季报管理、预算汇总、季报汇总等四个功能。

（1）预算管理。路局管理员按照集团公司培训经费预算计划为每个站段下拨培训经费预算，预算分为日常培训、职工培训费用报销、教材（软件）开发、培训场所整修、教学器具购置、路局重点培训项目、其他等七个子类别。

（2）季报管理。各站段审核管理员按照规定填写培训经费使用明细，于每季度初确认上个季度的培训经费使用明细，汇总形成单位培训经费使用季度报表并上报给路局管理员。单位培训经费使用季度报表由路局管理员审核通过后，报表期间内的培训经费使用明细不能再修改。路局管理员审核单位培训经费使用季度报表时，对有问题的可以进行"驳回"操作，站段审核管理员按照"驳回"意见修改培训经费使用明细后再次上报季度报表。

（3）预算汇总。路局管理员可汇总查看集团公司所有站段已下拨的培训经费预算情况，可查看具体站段的全年培训经费预算下拨情况。

（4）季报汇总。路局管理员可汇总查看集团公司本年度审核通过的培训经费使用季度报表，按照收入、在外单位培训支出、本单位人员师资支出、外单位人员师资支出、教学用品购置支出、教学器具购置支出、培训设备设施维修支出、教学资源开发支出、培训教材外购支出、培训教材自编支出、报销职工培训费用支出、食宿费用支出、其他支出、余额等类别汇总数据。

（二）站段培训经费管理

站段培训经费管理由站段审核管理员负责，主要包括经费明细和提报季报两个功能。

（1）经费明细。站段审核管理员根据本单位培训经费使用情况登记培训经费使用明细，按照收入、在外单位培训支出、本单位人员师资支出、外单位人员师资支出、教学用品购置支出、教学器具购置支出、培训设备设施维修支出、教学资源开发支出、培训教材外购支出、培训教材自编支出、报销职工培训费用支出、食宿费用支出、其他支出等类别分别登记，系统自动得出当前余额（余额＝上季度余额＋收入－支出）。需要特别注意的是，单位培训经费使用季度报表由路局管理员审核通过后，报表期间内的培训经费使用明细不能再修改。

(2)提报季报。站段审核管理员于每季度初确认上个季度的培训经费使用明细，汇总形成单位培训经费使用季度报表并提报给路局管理员。对于被“驳回”的季度报表，站段审核管理员按照“驳回”意见修改培训经费使用明细后再次上报季度报表。

第十三节　培训数据统计

职工培训管理系统的培训数据统计主要包括职工基本情况统计、职工学历教育情况统计、职工培训能力情况统计、培训工作人员情况统计、职工月度培训情况统计、职工年度培训情况统计等内容。

一、职工基本情况统计

路局管理员、业务部管理员和站段管理员可汇总查看可见范围内职工的不同年龄段的文化程度情况和技能等级情况，职工培训管理系统根据职工人员库数据自动汇总得出统计表。

二、职工学历教育情况统计

路局管理员、业务部管理员和站段管理员可汇总查看可见范围内职工的中等职业教育(脱产/非脱产)、大专(高职)教育(脱产/非脱产)、本科及以上教育(脱产/非脱产)毕业情况，职工培训管理系统根据职工学历教育登记数据汇总得出统计表。

三、职工培训能力情况统计

路局管理员、业务部管理员和站段管理员可汇总查看可见范围内站段的教室情况、实训演练场情况、最大住宿能力、最大教学能力、教学设备资产、教材数量，运输专业、机务专业、供电专业、工务专业、电务专业、车辆专业和其他专业的师资数量等情况，职工培训管理系统根据培训设备、培训设施、培训教材、培训师资登记数据汇总得出统计表。

四、培训工作人员情况统计

路局管理员、业务部管理员和站段管理员可汇总查看可见范围内站段的培训管理人员、专职师资和兼职师资的年龄结构、学历结构、技术职称、职业技能等级情况，职工培训管理系统根据管理员库和培训师资登记数据汇总得出统计表。

五、职工月度培训情况统计

路局管理员、业务部管理员和站段管理员可汇总查看指定月份可见范围内站段的资格性培训（“三新”人员、高铁人员、特种作业人员培训、新任班组长、其他培训）、适应性培训（“四新”知识培训、人身作业安全培训、防洪知识培训、防寒知识培训、春运知识培训、在职班组长轮训、其他培训）情况，其中，单独汇总出脱产培训班、高铁运营人员培训、主要行车工种人员培训。汇总出职业技能竞赛（局级（铁路局集团公司上级）、站段级、车间级）的场次、参加人数、观摩人数、选树技术能手人数。岗位技能达标月度抽考情况（纳入考核总人数、抽考总人数、达标总人数、达标率）。单位人员基本情况（职工总数、培训管理人员数、培训师资数、主要行车工种人员数、班组长人员数、特种作业人员数、师带徒学习阶段人员数）。职工培训管理系统根据培训班登记表、三新人员资格性培训情况登记表、班组长培训情况登记表、特殊工种培训登记表、高铁人员资格性培训情况登记表、技能竞赛登记表、考试系统、职工人员库和管理员库数据汇总得出统计表。

六、职工年度培训情况统计

路局管理员、业务部管理员和站段管理员可汇总查看指定年度可见范围内站段的铁道行业特有职业（工种）、主要行车工种和其他工种资格性培训和适应性培训情况，职工培训管理系统根据培训班登记表、三新人员资格性培训情况登记表、班组长培训情况登记表、特殊工种培训登记表、高铁人员资格性培训情况登记表数据汇总得出统计表。

第二章　职工培训资源的有效利用

第一节　职工培训资源库应用

职工培训实际上是对职工岗位知识和技能的传授，将职工需要学习的知识点、技能项通过文字、图片、视频、声音等多媒体方式汇总成职工培训资源库，对职工学习和培训师资人员参考具有重要意义。职工培训资源库的建设是职工培训信息化建设中的重要组成部分。图 2-1 为职工培训资源库登录界面。

图 2-1　职工培训资源库登录界面

一、功能简介

职工培训资源库分别通过左侧的目录树和右侧的筛选条件组织培训资源，培训资源由各级管理员维护，职工根据需要进行学习和下载。

二、浏览资源

（一）浏览权限

职工可以学习公开的站段级和集团公司级培训资源，站段管理员可以学习本单位及公开的集团公司级培训资源，专业部管理员及路局管理员可以浏览所有的培训资源。浏览权限通过用户的角色等级和目录树节点的“是否公开”属性进行控制。

（二）目录树的设置权限

职工培训资源库初始化时，已经根据铁路局集团公司的机构设置（专业部、站段）创建好目录树节点。路局管理员可以设置所有的目录树节点，专业部管理员可以设置本专业的目录树节点，站段管理员可以设置本单位的目录树节点。

（三）筛选资源

用户通过资源类型、资源名称、上传人姓名、资源内容标签等进行一般条件筛选资源；可以通过内容文本搜索、枚举值搜索、上传起止时间等进行高级搜索。

（四）浏览操作

用户打开具体资源后，对于文字、图片、电子书等静态资源，可通过左侧的结构目录进行分段浏览，可以下载资源到本地学习；对于声音、课件、视频等动态资源，可通过内容进度条按钮进行定位浏览，可以下载资源到本地学习。用户可根据需要对资源进行缩放查看、小窗口查看、内容截图、静音等操作。

三、管理资源

管理员可以添加、修改、删除各类培训资源，可以设置负责的目录树节点是否公开。添加资源后，会将管理员的姓名自动设置为资源的上传人，便于后期进行资源维护。

（一）添加资源

添加资源时，需要设置资源的基本属性和扩展属性。基本属性为必填信息，扩展属性为选填信息，主要有文本框、文本域、富文本域、枚举、文件、日期这些输入类型，其中富文本域在编辑时可以进行插入图片、编辑样式等操作，编辑内容所见即所得，富文本域可以选择全屏操作。选择文件可以单击“上传文件”从本地上传。选择的文件格式不支持或文件太大时会进行提示；文件上传时，会显示上传的进度，上传成功会进行提示。最后单击“提交”按钮即可保存信息，保存成功后会进行提示。

（二）修改资源

选定资源后，单击修改按钮进入相应素材修改页面，页面会显示素材原有信息，更新并提交修改即可完成素材更新操作。素材更新时课程库如果有引用，相应信息会同步更新。

⚠ 注意：

只限于上传人与操作用户为同一账号时才能修改资源。

（三）删除资源

删除功能支持批量操作，通过资源的复选框可选择多条资源，选择资源之后单击“删除”按钮可进行资源删除，删除操作后会要求确认，确认后删除资源，删除成功会有提示。

第二节　职工考试系统应用

职工考试是对职工培训结果的考核，参加培训的职工完成培训并考试合格后，才能完成培训。按照培训项目的需要，可将职工考试结果登记到职工培训电子档案和铁路岗位培训电子证书中。

一、功能简介

管理员通过考试系统创建并管理各类考试，职工进入个人“云课堂”参加推送的考试。考试系统功能主要包括题库管理、试卷管理、考试管理和单位管理等功能。

职工参加的考试主要有培训结业考试、岗位练兵、抽考、技能演练、班前一考和补培考试等。

管理员在培训管理系统中设置考试的相关信息。培训管理系统与考试系统通过“考试编号”进行关联，职工完成考试并交卷后，考试系统会将考试成绩反馈到培训管理系统中的职工成绩列表。

二、题库管理

进入题库后，页面左侧是题库目录，右侧是题目的列表。通过选择知识点以及顶部的搜索条件（题型、难度、难度系数）后，单击“筛选”按钮可在题目列表中筛选到对应的题目，如图 2-2 所示。

图 2-2 题库管理界面

（一）设置目录或知识点

1. 添加方式

目录或知识点有两种添加方式：第一种为选中目录后，单击上方的“添加目录”或“添加知识点”按钮，该目录下立即新建了目录/知识点，输入名称后，单击目录的其他区域即保存成功；第二种为选中目录，单击目录后的“设置”按钮，在下方弹出的按钮组中单击添加章节，单击添加知识点，其他操作类似，如图 2-3 所示。

图 2-3 目录/知识点的添加

2. 其他设置

还可对目录（章节）或知识点进行其他的设置，如图 2-3 所示，单击章节后的设置按钮，可重命名、复制编号、删除、移动。

⚠ **注意：**

无权限的目录不能进行操作。

复制编号：在批量导入题目时，Excel 表中需要编辑此编号来识别节点。

知识点/目录的删除：删除知识点时，需删除该知识点下的所有题目。删除目录（章节）时，需删除该目录（章节）下的所有知识点。

移动：目前同级节点的排序规则为，先以第一个字进行排序，若第一个字是英文则为 A～Z 或 a～z 排序，若第一个是数字则按照 1～9 进行排序，大写序号按照一到九的序号进行排序。若第一个字相同，则类推到第二个字。同级目录之间不可移动。

⚠ **注意：**

禁止删除根目录。

（二）添加题目

添加题目有两种形式：一是采用单个添加的方式，二是采用批量导入的方式。

1. 单个添加

单个添加的操作步骤为：

第一步：选中左侧知识点，单击右上角的“添加题目”按钮，进入到添加题目页面。

第二步：选中需要添加的题目类型，填写题目的内容及难度、关联知识点属性；添加题目内容时，普通的文本可直接使用普通编辑，若包含图片、方程式或者特殊符号等，可切换到高级编辑，采用上传图片的方式进行编辑，同时，数学上的公式可以使用编辑器上的公式编辑器输入，单击图标 Σ；关联知识点是指可以关联到此知识点所在根目录下的其他知识点，可以为多个。

第三步：填写确认无误后，单击保存，系统会弹出提示框：“题目已添加成功，是否继续添加？”单击确认，系统会清空当前页面的内容，可继续选择题型进行添加。

⚠ **注意：**

（1）高级编辑切换到普通编辑时，高级编辑的格式和图片等内容会丢失，所以在进行高级编辑的时候，尽量不要误操作。

(2)添加复合题时，先添加复合题的题干，再单击“下一步”按钮选择要添加的子题类型，子题的添加方式和其他类型类似、复合题的子题类型和数量不受限制，可自由添加。未发布的复合题为无效状态，在组卷时不会被筛选到。

(3)添加填空题时，建议先把整个题目内容编写好，然后选中答案部分，使用编辑器上的 1·2 1·1 进行挖空。其中，1·2 按钮为插入有序填空，指的是答案之间是有序的，学员答题时必须按照顺序依次填写答案；1·1 按钮为插入无序填空，指的是答案之间是并列的，学员答题时可不按照顺序作答。挖空后答案会自动获取展示在答案区域，可自行修改。无序填空之间不能插入有序填空，且在批阅时，系统是严格按照答案自动批阅填空题，所以管理员在答案部分不要添加多余的空格并注意检查。

(4)添加完形填空题的时候，使用编辑器上的 1 按钮插入填空，可以使用 + 1 - 序号前的加号减号来添加或者删除小题个数，加号是向上插入，减号是删除该行小题。当题目内容中填空数量和题目下的小题数量一一对应时，可保存成功。

(5)添加音视频题目的时候，需注意上传要求，且只能上传一个文件。

2. 批量添加

批量添加的操作步骤如下。

第一步：单击页面右上角的“导入题目”按钮，进入导入题目页面。

第二步：下载导入模板，按照模板规则把需要导入的题目编辑到 Excel 表当中。

模板中共有目录知识点、单项选择题、多项选择题、判断题、填空题、简答题、复合题、完形填空题等多个工作表。

(1)将“目录知识点”工作表删除(因为各知识点已在系统中创建完成)。

(2)编辑各个题型的工作表时，一行代表一道题，分别填入该题要导入到的知识点编号(编号从系统中复制)、题目标题、答案、题目解析、难度及选项。知识点编号若有多个，以英文逗号分隔。

(3)编辑完成之后，上传题目文件，若检查无误的话，会提示目前正在导入的题目信息，单击确认上传，上传后，题目则导入成功。

注意:

复制知识点编号时不要误复制目录(章节)编号;所有工作表中不可有多余的行或列。

(三)编辑题目

需要对题目进行修改或者删除时,在题目列表页面筛选出要编辑的题目,单击“题目”右侧的“高级编辑”按钮即可,如图 2-4 所示。

图 2-4　题目编辑界面

若要删除题目时,单击“删除”按钮,确定后即删除成功。

需要批量删除题目时,单击“批量删除”按钮。单击“全选”按钮或者取消勾选不需要删除的题目,单击“确定”按钮删除,即批量删除成功。

(四)导出题目

左侧目录树选定“知识点”,单击“导出题目”按钮,导出题目。

三、试卷管理

(一)试卷库

进入试卷库后,能看到所有的试卷,也可根据试卷属性对试卷进行搜索,如图 2-5 所示。

图 2-5　试卷库操作界面

在试卷库操作界面，可进行如下操作：

❶“编辑”按钮，未发布的试卷只有“编辑”和“删除”两个按钮，单击“编辑”按钮之后，可修改试卷名称、编号、所属课程及总分，可立即去组卷。已发布的试卷，若暂还没有考试使用该试卷，则可修改名称、编号、所属课程及总分。但修改总分后的试卷为未发布试卷，需重新组卷后才能成功发布供考试使用。已发布的试卷，已被考试使用后，只可修改名称、编号及所属课程。

❷“预览”按钮，已发布的试卷可以去预览试卷详情。

❸“导出”试卷，可以导出已发布的普通试卷作为线下试卷。

❹“复制”按钮，单击试卷的复制按钮，可以复制一份相同的试卷。

❺“删除”按钮，可以删除已发布但未被考试使用的试卷，以及未发布的试卷。

（二）添加试卷

单击试卷库页面右上角的“添加试卷”按钮，即可去添加试卷。

第一步：先填写该试卷的基本信息。

第二步：选择试卷类型为普通试卷或随机试卷。

1. 普通试卷

普通试卷指的是可以通过自定义拖动题型、说明性文字及分页到试卷中，来组合成自己需要的试卷结构。

1）组卷流程

（1）拖动题型：先把需要的题型、描述说明拖动到试卷中。

(2)编辑基本信息：拖动完成之后，编辑题型的基本信息，例如，英语试卷中，常有第一部分、第二部分，则通过单击描述说明，输入第一部分。接着需要修改单选题的名称为“听力题”，然后在听力题下方加文字，这些均可通过双击题型名称及详细说明栏进行，当变为可输入框时，输入自定义内容来实现。

(3)添加题目：试卷框架和基础信息搭建好之后，在每个题型下添加题目；单击“添加题目”按钮，来到添加题目页面，添加题目时，可以选择有权限课程下的所有题目，通过选择该题型想要考查的知识点、难度、关键词等信息，筛选出题库中满足这种条件的题目，单击“选题”按钮后，确认选题数目即可选择成功。其他题型下添加题目操作方式类似。

在添加题目时，如遇到题目数量比较多，想从当前题目中抽取部分题目添加到试卷中，那么可使用“随机抽题”功能。鼠标指针移到随机抽题上会显示当前题型及可选题目数量，输入想要抽取的数量，单击“确定”按钮后，就会从当前可选题目中随机抽取题目。当所抽取题目不满足实际需求的时候，可单击“换一批”进行重新抽取。

(4)调整试卷题目顺序：发现题目顺序需要移动，鼠标指针移题目上之后，可在题目右侧看到上移、下移及自定义移动三个图标，通过这三个图标调整每个版块的顺序。

(5)设置分页：除了页面左侧提供的“每一题一页”以及“每一题型一页”的分页机制外，提供自由分页机制，拖动“分页”到任意区域，可实现自定义分页。

(6)设置题目分值：可批量设置同一类题型中每道题目的分值，通过在题型一栏的右下角中填写每题的分值实现批量设置；也可在每道题上单独设置分值。

(7)预览试卷、发布试卷：试卷题目添加完成之后，单击页面右上角的“预览试卷”按钮，可预览试卷。发布试卷，单击右上角的“发布”按钮，试卷发布成功，返回试卷库首页。

(8)快速组卷：可使用抽题组卷功能，单击组卷页面右上角的“抽题组卷”按钮，即可实现设定试卷考查知识点、题目属性及题目结构，可以快速从题库中抽取题目组成一份普通试卷。

2)操作方式

进入抽题组卷页面，设定好该普通试卷将要考查的知识点及题目难度等属性，题目构成中会展示可供选择的题目类型及其数量，那么只需要设定抽取的题型、抽题数量及每题的分值，单击“确定”按钮后系统将按照所设定规则从题库中抽出题目组成一份普通试卷。

通过抽题组卷可以快速形成一份普通试卷，当然抽题后可在普通试卷页面按需进行增删。另外，需注意的是，若试卷中已经添加了题目，再去抽题组卷的话，原有题目会被清除，试卷里将会是按规则抽出来的新题。

2. 随机试卷

随机试卷指的是通过给试卷设置一定的规则，考试使用该随机试卷。学生进入试卷进行答题时，系统会按照试卷的规则随机从题库中抽取满足此规则的题目组成一套试卷让学生作答，保证每个学生作答的是按同一套规则出的不同试卷。

操作方式为：

选择“组卷方式”→“随机试卷”，可以选择有权限课程下的所有题目，然后设置该试卷要考查的知识点范围，可以使用“难度”“掌握程度”等题目属性对题目进行筛选，确定本次考试的抽题范围。

此时题目构成位置会展示出题库中满足这两种条件的所有题型及可选择的题目数量。

题目构成区域分为两部分：一部分是结构区，用于确定抽题规则中用哪些元素组成抽题条件(例如，“单选题难度 1 的抽取两题”这个抽题规则就涉及题型、难度两种元素)；另一部分是设置区，设置具体条件下抽取的题目数量和对应的分数。

结构区可以添加用于抽题的元素，并调整这些元素之间的关系。添加元素时，需要先选元素名称，选择好之后，再次单击这个按钮，可以选择具体用这个元素中的哪些元素值。(以“难度”为例，需要先选择使用“难度”这一元素，然后单击难度这个按钮框，打开选项列表，选择具体要用哪些属性值，如“难度一、难度二、难度三……”)

结构区的设置，会实时地体现在设置区，以“题型—难度”为例：

常用的设置类型为“题型—知识点”和“题型—难度”，分别表示某种题型分不同知识点、难度抽取不同数量的题目。

结构区设置完成之后，可以在设置区设定每种条件下分别抽多少题目，每道题目给多少分，设定后底部“抽题统计”部分会显示当前规则下总共从题库抽取多少题目，总共多少分。

设置完成所有行的数量及分值，并保证分值之和等于总分后，单击“发布”按钮，随机试卷即完成组卷。

需注意的是，为保证实际考试效果，避免因为一页题目数量过多而造成考生进入考试卡顿的情况，组卷时可以设置“一页一题”及“一题型一页”的分页机制。同时，系统也会在老师组卷时进行相应的提示或者自动处理：当普通试卷每页题目数量超过 20 题时，系统会友情提示分页为 10 题一页；当随机试卷某一题型中的题目数量超过 50 题时，系统自动分为每 10 题一页。

四、考试管理

在考试系统的管理首页默认展示的是考试列表，可通过考试的状态（未开始、进行中、已结束、未选择试卷、考试名称及考试编号）来搜索相应的考试，如图 2-6 所示。

图 2-6　考试管理界面

(一)创建考试

1. 创建考试,填写基本信息

在管理首页,单击“创建考试”即来到基本信息页面;需要填写考试名称、编号、所属课程及考试类型、考试次数等。

考试管理支持防作弊:打乱题目和选项。

在高级设置中可进一步设置考试的要求:

(1)限制交卷时间:默认不限制,可设置允许考生作答多长时间后才可交卷。如果选择了抓拍,那么这里会默认填写考试时长的 80%作为限制交卷时间,目的是保证能够有合理的作答时间供系统进行抓拍。可进行修改,但考试时长大于 30 分钟时,限制交卷时间必须不小于 30 分钟。

(2)是否允许退出:此项设置是否允许考生在作答过程中关闭答题页面(主动关闭浏览器)退出考试。默认为中途可退出,那么考生在考试过程中随时可退出与再次进入考试。若设置为不可退出,则有一次异常退出的机会,超过一次后再强制退出,系统会自动交卷。

(3)成绩公布时间与成绩公布内容:可分开公布考试分数、每题得分及对错、正确答案和解析。

考试类型有两种:分散考试指的是只限制考试时长,把考试时间设置在一个较长的时间段内,学生可选择在此范围内的任意时间去参加考试;集中考试指的是统一开始考试以及结束考试的时间,学生们需在某天的特定时间段来统一进行考试。

2. 选择试卷

基本信息填写好之后,单击“保存”→“选卷”按钮,即来到选择试卷页面,可选试卷列举出了试卷库中可供选择的有权限的所有课程下的试卷,以及自己所创建的所有试卷,未组完卷的状态为“组卷中”,可立即去组卷,发布试卷后,选择该试卷;也可重新添加新的试卷,此操作步骤与试卷库添加试卷类似。选择时,若要修改试卷的名称或预览试卷,鼠标指针放置在试卷上时,会有“编辑”及“预览”的按钮,单击即可操作。

若选择普通试卷,那么可以选择多份,类似于 AB 卷;若选择随机试卷,那么只可以选择一份。

3. 发布考试

试卷选择后,单击“发布”按钮,该考试即发布完成。

（二）删除考试

在考试未被学生参与前均可删除考试，在考试模块的右上角展示了“删除”按钮，单击后确认即可删除。

（三）编辑考试

单击“编辑”按钮即可修改考试信息。

（四）阅卷

考试开始后，如有考生已经提交了试卷，则考试列表会显示进度条，表示此时有多少考生已提交，还有多少考生没被批阅。老师单击“阅卷”按钮可进入到阅卷页面。

未阅列表中展示的是所有还未被批阅的试卷，如果是含有主观题的考试，只要学生已经交卷，未阅列表即可看到学生提交上来的试卷，老师即可参与批阅。批阅完成之后，该试卷会进入已阅试卷列表中。若是可考多次的主观题试卷，教师还未批阅前，学生可主动放弃上一次的考试记录。

已阅列表中展示的是所有已批阅的试卷；成绩列表中展示的是每个已批阅学生的最高分试卷。

若是纯客观题试卷，可考多次的情况下，系统会自动取其最高分作为学生成绩进行展示。

阅卷的操作步骤如下：

第一步：在未阅试卷列表中，选择试卷，单击“批阅”按钮。

第二步：待批阅的试卷中，默认展示需批阅的主观题（客观题系统已自动批阅），老师在主观题的分数一栏填写学生得分后，单击页面下方的“确认批阅”按钮即批阅完成一份试卷。

第三步：在当前页面单击“下一份”按钮即可去批阅下一份试卷，发现该份试卷批阅错误，也可单击页面右下角“重新批阅”按钮进行再次批阅。

若设置了只阅主观题，则无法对客观题分数进行更改；并且在只阅主观题时，若此时试卷只有客观题，则无法重新批阅。

（五）查看考试情况

单击“已批阅××人”，查看考试情况。可查看考试成绩列表，通过“导出成绩”导出成绩单，通过“查看”按钮查看学员试卷。可通过“导出学员试题”批量导出学员考试试卷。

五、单位管理

因考试系统与培训管理系统中层级权限有所不同，因此各单位的题库目录权限要由对应级别管理员来分配，站段题库目录权限为路局分配，车间题库目录权限为站段分配。同单位的站段管理员可以互相看到各自创建的试卷以及考试，但无法看到各自创建的单位信息。故单位管理、创建单位时，需指定唯一一名管理员进行创建。

（一）操作流程

单击“单位管理”→“添加单位”（需要注意的是，单位名称与培训管理系统中对应机构保持一致，单位编码与培训管理系统中机构编码保持一致）→“题库权限管理”，勾选对应题库，回到培训管理系统为该单位创建管理员（注意：必须在考试系统中将单位创建好后创建管理员，顺序如果不对，则题库权限仍不可见）。

（二）操作方法

第一步：单击“单位管理”→“添加单位”，输入单位的名称及编号后，单击“确定”按钮，该单位添加成功。

⚠ 注意：

同一单位的不同站段管理员所建立的单位是互相不可见的。若创建单位时提示单位已被创建，请确认本机构其他站段管理员是否已创建对应单位。

第二步：为单位分配题库目录，目前，单位和题库是分离的，可以根据需要自定义分配该单位下的题库权限。可将整个父目录分配给该单位，意味着该单位下的管理员有该父目录下所有节点的编辑查看权限；也可仅将某几个子目录分配给该课程，意味着该单位下的教师仅有某几个目录的编辑查看权限。

若仅分配了某几个子目录，则该单位下的教师进入课程题库时，只能对子目录进行操作，例如：只分配“第一章”下的五个知识点，那么管埋员只能对该五个知识点进行编辑和添加题目，对其他目录无任何操作权限。

第三步：在培训管理系统中为该单位创建管理员，若该管理员角色符合要求，且所属机构对应的机构编码与在考试系统中创建的一致，则该管理员进入到考试系统中能够看到为该单位分配好的题库目录。

⚠ **注意：**

在培训管理系统创建车间管理员时，应保证该车间在考试系统中已经创建，否则会导致新创建的管理员进入考试系统无题库权限。车间信息以及车间题库权限由本单位唯一一名站段管理员进行分配。

第三节　网络课程管理

网络课程管理中的课程是指在站段自办培训班中使用的线上培训课程，仅限本单位使用。职工登录云课堂后，在“我的培训班”中可以进行线上学习。

一、设置课程信息

课程的添加、删除、修改等操作，仅限单位的车间管理员或站段管理员进行设置，审核通过的课程不能再进行修改。

二、教学设计

管理员通过“教学设计”进行课程内容的设置。教学设计包括课程基本信息和课程内容两部分内容。

(一)课程基本信息

管理员可以编辑课程的基本信息，包括课程简介、课程目标和目的、课程图片以及师资团队等。单击四个模块进行切换，单击输入框之后则可以编辑相关信息。

1. 课程简介

标题默认为该课程的名称，不可修改；课程简介的内容可以通过编辑框上的一系列按钮(如加粗、斜体、下划线、标号、上传图片、设置超链接和上传附件)进行内容的编辑。

2. 课程目标和目的

编辑方法同课程简介。

3. 课程图片

图片的格式要求为jpg、jpeg、bmp、png。单击上传图像文件，选择本地文件上传后，可在左侧选择框中按照需要设定图片区域，右侧进行预览，单击“保存”按钮即应用成功。所选课程图片即为课程的封面。

4. 师资团队

在教师一栏中，输入授课教师的名字，若有多个教师，名字间用“，”进行分隔。

(二)课程内容

通过此功能，可以组织整个教学设计，包括添加章节、节点内容，支持添加的内容包括展示静态内容的视频、图文、外部链接网页、下载资料测试等。

1. 内容结构

课程内容按照“第×章第×讲”的结构进行组织，管理员通过设置“章”的名称和“讲”的名称来确定内容结构。

2. 教学资源

管理员在某个“讲”下设置教学资源，教学资源类型包括视频、图文、资料、链接、作业和测试等。操作与前面“培训资源库”对资源的操作相同。

三、审核课程

车间管理员或站段管理员完成课程设置后，需要通过“上报审核”按钮向站段审核管理员上报；站段审核管理员对课程内容审核把关后，可设置课程“审核通过”或“审核不通过”。

四、启用/停用课程

站段审核管理员可以通过“设为有效/无效”按钮，控制课程的启用或停用。

五、引用课程

在站段自办培训班中管理“线上课程”时，只能引用“审核通过”的“有效”课程，已经引用的课程“失效”时，职工不能再学习，管理员不能再预览，管理员可为培训班引用新课程。

六、注意事项

(1)课程的创建人和站段审核管理员应准确把握课程内容的准确性

和时效性。

(2)负责培训班的管理员应正确引用“线上课程”,满足培训项目的需求。

(3)线上课程只是培训授课的补充部分,不能完全代替教师授课。

第四节 职工培训互联网移动端应用

随着移动通信技术的迭代升级,个人手机、掌上电脑等互联网移动端已经成为人们浏览资讯、游戏娱乐、在线学习的重要工具。铁路系统机构分布广,职工作业场所分散,组织培训活动难度大,工学矛盾突出,运用好互联网移动端这个信息载体,对灵活、方便地组织职工日常学习和考试具有重要意义。

一、系统概述

职工培训互联网移动端的应用是对职工培训管理系统的功能扩展,职工可通过手机 App 进行在线学习、练习考试和证书查询等操作。职工培训管理系统的管理员账户、机构信息、职工信息、电子证书等内容通过国铁集团统一的网络安全平台映射到互联网应用服务器。互联网应用服务器保存移动端专用的通知公告、网络课程、练习考试和培训资源等数据,部署到集团公司互联网应用群平台,职工培训管理系统与职工培训互联网移动端应用的网络拓扑图如图 2-7 所示。

二、系统功能

职工培训互联网移动端应用分为后台管理和前台 App 应用两部分内容。

(一)后台管理

后台管理功能由各级管理员操作,主要功能包括信息服务、网络课程、闯关练习、日常学练、学习统计等内容。

(1)信息服务。用于管理员发布培训通知、培训资源、练习通知、考试通知等内容。

(2)网络课程。管理员设置、审核、发布网络课程,具体内容见本书第

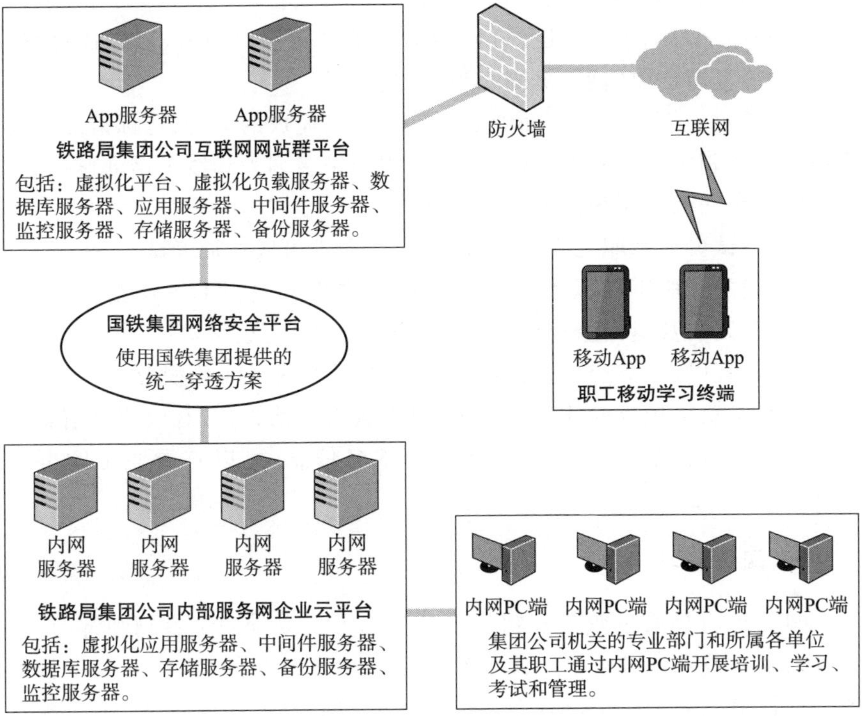

图 2-7　铁路局集团公司职工培训网络管理平台网络拓扑图

二章第三节“网络课程管理”。

(3)闯关练习。管理员设置闯关练习题，通过积分激励职工答题。

(4)日常学练。管理员设置网络考试和网络学习，职工日常通过手机答题和学习。

(5)学习统计。管理员统计闯关积分、网络学习、网络考试情况。

(二)前台 App 应用

前台 App 应用供职工培训管理系统中的职工使用，主要功能包括首页、闯关、学习、考试、我的等功能模块。

(1)首页。首页用于展示管理员发布的通知公告、推荐内容、培训动态、微课堂、规章库、案例学习等信息模块，显示职工通过答题、学习获得的积分。

（2）闯关。用于职工查看管理员设置的闯关答题信息，职工可以通过“练习”功能学习闯关的试题，可以参加闯关答题获得积分，可以通过“错题本”功能复习历史错题，巩固知识学习。

（3）学习。学习模块页面展示职工本月已完成的学时、达标情况以及已获得学时和学习总时长，展示网络课程的班级列表和线下培训班列表。职工可以参加网络课程完成相应的学时。

（4）考试。显示职工当前的考试信息，职工可以参加考试。

（5）我的。职工可以设置手机在移动网络下是否下载资源、缓存清除、修改密码以及退出登录操作，可以设置个人信息，可以查看收藏的内容、点赞内容以及历史浏览内容，可以查看职工的当前总积分、今日获得积分以及可获得积分的任务信息等，可以查看当前积分、有效积分信息以及本单位学习排名情况和职工自身的排名信息，可以查看职工的电子证书。

三、闯关练习

闯关练习是通过职工答题奖励积分的方式激励职工答题和练习，从而提高个人技术业务水平。闯关练习由站段管理员设置，经站段审核管理员进行审核通过后予以发布，主要包括方向管理、关卡配置、练习配置等内容。

（一）方向管理

用于设置练习方向和答题人所属机构。管理员必须先设置方向后再进行后续的闯关操作。

（二）关卡配置

管理员选定方向后，可添加、编辑、删除本关卡的名称、通关正确率和考试编号，每个方向可配置多个关卡。

通关正确率为百分比，决定能否通关所需正确答题数量和总题量的最低百分比。

考试编号为管理员在职工考试系统中设置的考试编号，考试编号对应的试卷类型必须是随机试卷，考试题型必须是单选、多选、判断题型，职工考试系统的具体内容见本书第二章第二节“职工考试系统应用”。

管理员可通过设置关卡顺序来决定职工闯关所见的关卡顺序。每个关卡设置完成后，管理员可以通过“开启/关闭关卡”按钮来控制每个关卡是否开启。

（三）练习配置

管理员选定方向后，可添加、编辑、删除练习的名称、顺序号和考试编号，每个方向可配置多个练习，建议每个练习以具体的一个或多个知识点创建，以方便职工学习掌握。

设置完练习的基本信息后，通过“组卷”功能进入职工考试系统进行创建考试、选择试卷、发布考试、复制考试编号等操作，考试名称应明确“练习”字样以区别闯关考试，考试编号对应的试卷类型必须是普通试卷且不可设置答案位置随机，考试题型必须是单选、多选、判断题型，职工考试系统的具体内容见本书第二章第二节“职工考试系统应用”。

管理员可通过设置练习的顺序来决定职工闯关所见的练习顺序。

四、日常学练

日常学练功能让职工通过手机参加考试和学习，可以有效地满足职工日常学习技术业务和练习岗位基本功的需要，主要功能包括网络考试和网络学习。

（一）网络考试

管理员先设置网络考试的名称、考试编码、合格分数线等基本内容，再通过“管理学员”和“学员导入”功能选择添加职工或批量添加职工。职工完成网络考试后，考试成绩会回传到“考试名单”。网络考试不局限试卷的类型（普通试卷或随机试卷），题库可以是填空题、问答题等主观性试题（主观性试题需要教师人工批阅成绩）。

（二）网络学习

管理员设置网络学习时主要步骤包括：设置学习、选择学员、设置课程、学习情况。职工需要完成网络学习规定的学时数。

1. 设置学习

管理员设置学习的年度、月份、学习项目、学习分类、学习内容、学习形式、起止日期、学习地点、学习名称、任务学时、考试编号、合格分数线等内容。任务学时是指职工参加学习取得达标所需要的最低学时数，职工需要学习课程 5 分钟以上，相关的学时才会被有效记录。考试编号为职工考试系统中设置的考试编号，具体内容见本书第二章第二节“职工考试系统应用”。

2. 选择学员

管理员可以通过“管理学员”选择职工，也可以通过“学员导入”批量导入职工，被选择的职工可以在手机 App 相应学习栏目查看并参加网络学习。

3. 设置课程

管理员可以通过“网络课程”功能设置网络学习的课程，具体内容见本书第二章第三节“网络课程管理”。

4. 学习情况

管理员通过“学习情况”查看参加学习职工完成的学时数、考试成绩和考试结果，了解职工完成网络学习的情况。

五、学习统计

管理员通过学习统计功能汇总查询职工的闯关积分榜、网络学习情况、网络考试情况。

（一）闯关积分榜

管理员可以查看职工通过闯关答题获得的积分数，可以对积分列表自定义查询、分类筛选和自定义排序，用以掌握职工闯关答题的情况。

（二）网络学习情况

管理员统计和查询网络学习的应学人员、实学人数、完成任务学时人数、考试人数、考试合格人数等情况。

（三）网络考试情况

管理员统计和查询网络考试的应考人数、实考人数和考试合格人数等情况。

第三章　虚拟现实技术应用

实作技能培训是职工岗位培训的关键环节和最终目标，需要不断更新培训理念，运用现代化的培训手段来提高培训质量。虚拟现实技术(Virtual Reality，以下简称 VR 技术)是近些年出现的高新技术，具有高灵活、高效率、高仿真、高交互的优势，将其融入铁路职工实作培训中，工学矛盾问题、培训形式单一问题、职工学习兴趣低等难题都将迎刃而解。

第一节　VR 技术简介

一、VR 技术的定义及特点

VR 技术也称灵境技术或人工环境。作为一项尖端的计算机科技，虚拟现实集成了计算机图形技术、计算机仿真技术、人工智能、传感技术、显示技术、网络并行处理等技术的最新发展成果，是一种由计算机衍生出的高新技术模拟系统。

VR 技术的特点在于使计算机产生一种人为的虚拟环境，这种虚拟环境是通过计算机图形构成的三维数字模型，并编制到计算机中去生成一个以虚拟感觉为主，也包括听觉、触觉的综合可感知的人工环境，从而使得在视觉上产生一种沉浸于这个环境的感觉，可以直接观察、操作、触摸、检测周围环境及事物的内在变化，并能与之发生"交互"作用，使人和计算机很好地"融为一体"，给人一种"身临其境"的感觉。

二、VR 技术的基本特征

VR 技术具有全景性、沉浸性、交互性、构想性四个基本特征。

(一)全景性

VR 技术利用计算机 3D 建模技术，向人们展示逼真的三维立体图像，完整的展示复杂、多样的应用场景，让用户能够以"全视角"查看场景，大大地提高了实作场景的表现力。

（二）沉浸性

VR 技术根据人类视觉、听觉的生理、心理特点，让受训者通过头盔显示器、操作手柄、数据手套等交互设备，将自己置身于虚拟环境中，成为虚拟环境中的一员。

（三）交互性

VR 技术中的人机交互是一种近乎自然的交互，使用者不仅可以利用电脑键盘、鼠标进行交互，而且能够通过头盔显示器、操作手柄、数据手套等传感设备进行交互。

（四）构想性

VR 技术不但可以虚拟出现实的、已存在的场景，还可以根据人类的构思和想象，虚拟设计构想出“未来场景”“预见场景”。特别是虚拟出灾难场景或事故现场，人们可以在不对现实世界造成任何影响的前提下，在“危险性”“复杂性”的场景中进行应用体验和模拟演练。

三、VR 技术的应用类型

根据虚拟现实系统的组成和用户的体验程度，VR 技术的应用分为以下三种类型。

（一）完全沉浸式

它是一种比较复杂的系统，提供了一种完全沉浸的体验，使用户有一种置身于虚拟境界之中的感觉。它利用头盔式显示器、耳麦、数字手套等交互设备，把受训者的视觉、听觉和其他感觉封闭起来，并提供一种身临其境、全心投入和沉浸其中的感觉。例如当前最流行的 VR 游戏，让游戏迷们沉浸在自己喜爱的游戏中乐此不疲。

（二）增强体验式

它是把真实环境和虚拟环境结合在一起的一种系统，它既允许用户看到真实的世界，同时也可以看到叠加在真实世界的虚拟对象，这种系统既可减少对构成复杂真实环境的计算，又可对实际物体进行操作，真正达到亦真亦幻的境界。例如“动车组司机室操纵台仿真系统”，就是在动车组司机室操纵台仿真模型的硬件基础上，通过 VR 技术，仿真出操纵台上各种显示屏、仪表、按钮、手柄等设备的显示状态和蜂鸣器的声音，同时根据演练情形和操作结果的需要，通过司机室瞭望窗显示车外的线路、站场、桥梁、隧道、不良天气、设备故障等场景。系统的高交互性操作体验和逼真的场景显示，让受训者“真实”体验到动车组驾驶操作。

（三）桌面显示式

亦称为简易型虚拟现实系统，它是利用台式计算机创建虚拟环境，将计算机屏幕作为用户观察虚拟境界的一个窗口，使用者通过键盘、鼠标便可与虚拟环境进行交互。桌面显示式系统是一种易于开发和应用的虚拟现实系统，投入少、见效快是它的优点。

四、VR 技术应用类型的对比

从 VR 技术的实际应用方面，应用者为了达到投入与收益的最佳平衡点，将面对如何选择正确的 VR 技术应用类型的问题。以运用 VR 技术三种应用类型开发同一个应用系统为例，从应用 VR 技术后达到的显示效果、操纵交互体验、使用者的操作难度、应用系统组成的复杂程度、应用系统的资金投入等方面进行了一系列对比分析，得出表 3-1 结果。

表 3-1　VR 技术应用类型的对比

应用类型	显示效果	交互体验	操作难度	系统组成	资金投入
完全沉浸式	很好	好	高	一般	一般
增强体验式	好	很好	低	复杂	高
桌面显示式	一般	一般	一般	简单	低

VR 技术的应用者可以通过上述分析，结合应用系统的结果需求、应用要求和预算投入，准确选择 VR 技术的应用类型。

第二节　VR 技术的应用

一、VR 技术的应用优势

（一）激发职工的学习热情，实现自主化学习

传统的实作培训中，教师是教学的中心，由教师决定教学内容、结构、方法及进度，这种教学方法是以教师为主，职工处于被动的学习环境中，

很难激发职工的学习主动性和学习热情。VR实训系统则是以职工为中心的个体化教学，逼真的虚拟环境可提供良好的人机交互功能，在此基础上，实作培训内容的组织安排将特别强调由职工主动参与并自主选择学习的顺序。在这种情况下，实作培训的意义也将由传统的“教案控制”转变为“学习者控制”，实作培训形式的生动化与知识技能结构的科学化将结合得更紧密，从而极大地激发职工的学习自主性和学技练功的热情。

（二）加深职工的认知度，实现实训设备设施的透视化

应用VR实训系统中强大的三维显示技术，能够将实作培训中涉及的设备设施和操作原理逼真地呈现出来，以往无法直接观察的设备设施现在完全“透视化”，让职工一览无余。职工在系统中可以通过操作就可以对设备设施的整体结构和组成零部件进行不同视角、全方位地观察。在系统中可以将教学中抽象的设备设施运转原理和运行机制通过仿真技术高保真、无限次地显示，让职工深入地掌握原理和机制。运用系统的特定显示技术，可以剥离实训设备设施不相关部分的干扰，突出显示实作培训的主题，让职工掌握重点内容。

（三）边练边学的形式，促进职工标准化作业

应用VR技术的实训系统能够对职工的操作动作进行捕捉和判断，通过系统内部设置的作业标准和作业程序对比，进行视觉和听觉的信息反馈。系统能及时纠正职工的不规范操作，提示职工操作的错误点和应当遵循的标准化作业内容，这种“边练边学”的体验式教学，特别符合职工学习技能的规律，能够事半功倍地增强培训效果，从而有利于职工掌握岗位作业标准。

（四）实现生动形象且安全可靠的应急处置培训

非正常应急处置一直是铁路职工实作培训的重要内容，传统的应急处置培训受培训场地、安全秩序的制约较大，更多的是通过语言讲解或多媒体课件进行讲解与演示。基于VR技术的应急处置培训，将彻底打破这个禁锢，它可以根据设计者的想象，运用三维动画技术和声光渲染技术，真实地再现灾难场景和事故现场，给职工以“身临危境”的感觉。因为应用的是虚拟技术，在系统中所有的操作都不会对现实的环境和人员造成任何影响，教师和职工都可以大胆上手尝试，按照自己对应急处置预案

的理解进行操作，从而达到“以虚练实”的目的，大大地提高了职工的应急处置能力。

二、VR技术的应用方法

（一）分析培训内容，找准应用项点

在铁路职工的实作培训中应该认真分析培训内容，从VR技术的全景性、沉浸性、交互性、构想性四个基本特征上去准确把握和定位应用的项点。VR技术的应用项点要最大化的体现其技术优势，从而提高实作培训质量，不适时宜的应用VR技术，只能是事倍功半。应该尽量避免“大而全”的VR实训系统，那样不但不能把VR技术的优势发挥出来，而且将大幅度增加培训开发成本和应用成本。成功的VR技术应用，应该与传统的实作培训手段结合在一起使用，成为整个实作培训体系的一部分，只有这样才能在充分发挥VR技术优势的前提下，让其开发成本“落地”。例如在“动车组应急处置预案”中，从“立即停车”“疏散旅客”“迅速扑救”“设置防护”“报告救援”“抢救伤员”等许多环节中，将VR技术定位应用到“迅速扑救”项点就比较合适。职工通过头盔式显示器“沉浸”到VR技术描绘的动车组车厢火灾现场，通过观察找到起火点，利用操作手柄在车厢内移动，操作灭火器进行灭火，转动座椅，开关车厢端门和车门等操作，切实地锻炼了职工在动车组车厢发生火灾后进行现场扑救的能力。

（二）根据培训条件，确定应用类型

确定VR技术的应用项点后，还应该根据培训系统的开发条件选择VR技术的应用类型。开发条件分为内部需求条件和外部制约条件。内部需求条件是指实作培训内容对VR技术的显示效果、交互体验和操作难度的需求。外部制约条件是指对搭建系统场地大小、规模程度和资金投入等方面的制约。在确定VR技术的应用类型之前，一定要综合考虑系统的内部需求条件和外部制约条件，选择最优的应用类型，最大限度地满足实作培训的需要。例如“货物列车装车作业实训系统”，通过VR实训系统培训铁路货运员“接车核对货位”“装车前检查作业”“装车中监督作业”“装车后检查作业”等实作内容。内部需求条件中，由于更多锻炼的是货运员在货物装车作业中的检查操作，所以对系统的显示效果和交互

体验要求不高。由于铁路货运员属于非技术工种，所以对其实作培训的资金投入不高。根据两方面的培训条件要求，确定其应该采用“桌面显示式”的VR实训系统。

（三）扩展信息化功能，增强应用效果

对于VR技术的应用，还应扩展其信息化技术的优势。通过计算机网络技术，可以组建多客户端的网络化实训系统；通过计算机数据库技术，可以实现自动化实作考核；通过计算机数据模型重构技术，可以实现灵活多样的实训场景。

（1）网络化实训将结束“单兵教练”的传统实作培训模式，实现多人同时在线参加培训，大大地提高了实作培训的工作效率，这在当前铁路运输工作繁忙，工学矛盾突出的形势下，显得尤为重要。

（2）自动化实作考核将通过判断职工在实训系统中的操作，根据设置好的评价机制，进行科学、高效的实作结果考核。随着职工完成实作考核项目，系统会实时给出评价结果，配合后台的成绩管理系统，可以让教师和学员及时掌握培训效果。

（3）灵活、多样的实训场景可以模拟出铁路系统复杂多变的真实场景，让参加培训的职工体验现场灵活多变的工作场景，锻炼职工的现场适应能力和灵活准确的操作能力。

第三节　VR技术的应用前景

一、在应急处置方面的应用

VR技术应用到职工应急处置方面的实作培训，可实现生动形象、安全可靠的应急处置演练。实训者“沉浸”在虚拟的非正常环境中，按照自己对应急处置程序的理解进行操作，实训者的应急操作失误不会造成任何人员伤亡或财产损失。还可以录制实训者的操作形成回放录像，供实训者自己或旁观者学习参考、总结经验。非正常应急处置VR实训系统能够“以虚促实”，切实提高铁路职工的应急处置能力，可以研制开发“动车组火灾应急处置”“接触网悬挂异物的应急处置”“信号机故障的应急处置”“装载货物超限的应急处置”等项目。

二、在设备设施检修维护方面的应用

VR 技术应用到铁路设备设施检修维护方面的实作培训，可以让职工全视角地了解设备设施状态和结构，透彻地掌握设备设施的运转原理，无干扰地进行模拟操作。可以开发“虚拟动车组检修车间”，锻炼车辆系统职工对不同型号动车组进行分解、组装、调试与检修的能力。可以开发“信号设备虚拟维修维护站”，让电务系统职工掌握任意一个铁路信号设备内部零部件的构造和组成，直观地了解车站、区间及室内的信号设备布设、组成及关联关系。

三、在车站技术作业方面的应用

VR 技术应用到车站技术作业方面的实作培训，可以让职工“全景化”掌握车站整体技术作业场景，树立行车组织的“大局观”，提高技术作业组织能力。例如：针对车务系统的“接发列车作业虚拟实训”“调车作业标准化虚拟实训”“现在车统计虚拟实训”等，都是应用 VR 技术仿真出车站技术作业的工作环境，让职工接受“全景化”的行车组织实作培训。在实训系统中，职工能够虚拟完成行车、调车和配车等方面的多个任务。职工不必担心操作会对现场实际工作造成影响，甚至可以尝试多个组织方案，通过结果对比，总结归纳出最优方案从而真正提高职工技术作业的组织能力。

在现代化铁路建设发展的大背景下，运用 VR 技术的实训系统，已经成为对职工进行“新职培训”“四新知识培训”“非正常应急处置训练”等方面实作培训的重要手段。VR 技术的应用将激发职工的培训自主性和学习兴趣，极大地提高培训效率，提升培训效果，缩短培训周期，减少培训活动对现场生产的影响。随着铁路的现代化建设和改革发展，它在职工实作培训中的应用前景将非常广阔。

第四节　VR 调车作业实训系统应用举例

为了提高职工培训效果，××培训中心通过建立 VR 实训室，购置 HTC VR 头盔、激光定位器等设备。在原来智慧教室的基础上，积极联

系一线站段和专业的 VR 软件制作公司，采取“中心＋站段＋VR 软件公司”的三级联动模式，订制开发了《VR 调车作业实训系统》，为安全管理注入智慧基因，经过一年多的实际应用，取得了良好效果。

一、VR 调车作业实训系统介绍

VR 调车作业实训系统，是利用虚拟现实技术、计算机图形图像技术、三维建模技术、人体工学、实时渲染等先进技术开发的培训手段，让职工在虚拟环境中参与、投入到真实场景中去感受、操作、学会技能，通过“沉浸式、交互式和体验式”的新型培训方式，为铁路安全管理注入智慧基因，让职工身临其境自主学习调车作业实训的相关内容。

系统还原了调车作业中常见的内容流程，作业内容覆盖调车长及连结员常见的作业，主要包含三部分内容：

(1) VR 设备使用教学。

(2)连结员备品携带、作业前检查、试风作业、推进作业、尽头线作业等。

(3)调车长机车连挂作业、防溜签认作业。

VR 调车作业实训系统单个模块学习时间超过 5 分钟，所有模块学习时间超过 1 小时。

二、培训流程参考(见表 3-2)

表 3-2　培训流程

参考图片	描　　述
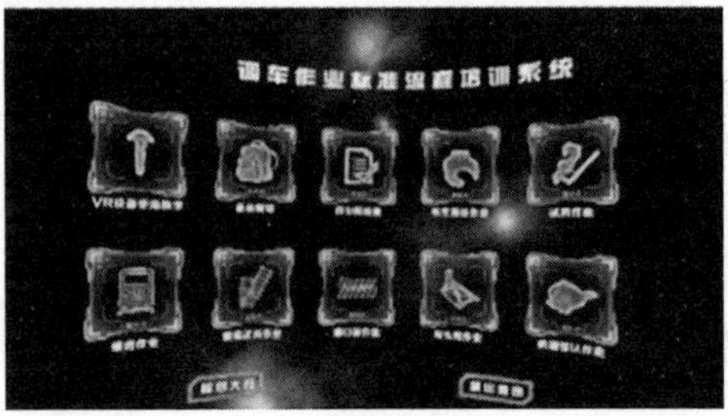	选择培训内容： 进入作业选择场景，职工根据自己的需求选择对应的场景进行培训练习

续上表

参 考 图 片	描　　述
	VR 设备教学： 指导职工进行简单的 VR 设备教学，方便职工展开操作
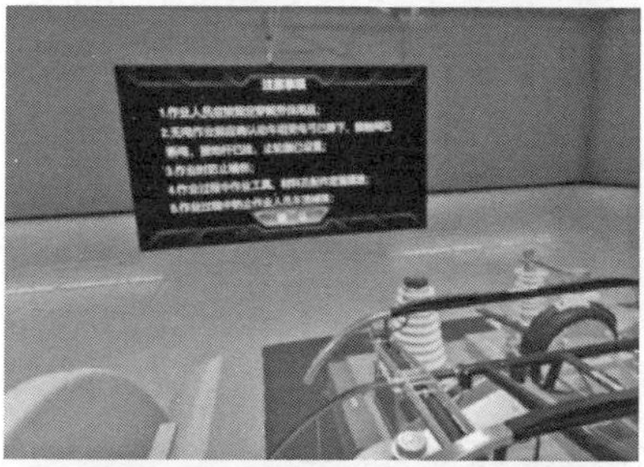	背景或知识要点介绍： 根据具体作业需求可以将背景或者知识要点展现给职工
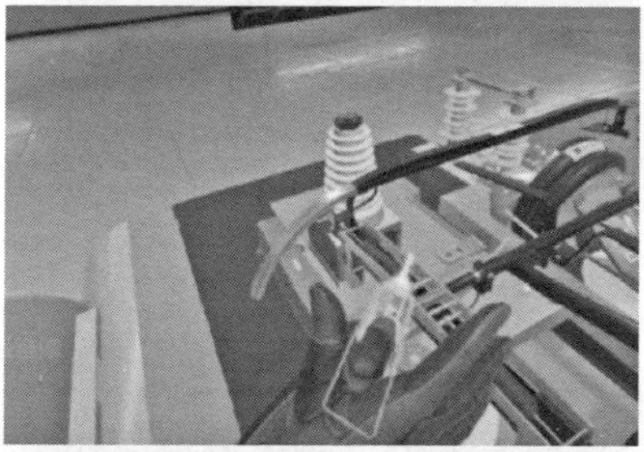	按步教学指导： 采用高亮显示、文字与语音三重提示教学，在未进行正确操作前无法进行下一步操作
	完成培训返回界面： 完成培训后职工可以根据自身情况选择重新培训或者返回选择界面选择其余培训内容

三、系统优势

（一）真实还原调车作业内容，降低培训时的安全风险

在传统的铁路调车作业培训中，主要采用理论知识讲解培训、师带徒等教学模式，存在理论知识讲解枯燥、培训互动环节少、教学内容不够直观等问题，又因调车作业的特殊性，对人身安全、车辆安全都有严格的要求，不允许出现丝毫偏差，否则容易造成“小错酿大祸”的安全隐患。VR调车作业实训系统通过真实还原调车作业中常见的内容，将日常工作流程分解成各个独立的模块分别进行培训，要求参培职工都严格按照标准化作业进行操作，可降低培训时的安全风险。图 3-1 所示为试风作业。

图 3-1　试风作业

（二）逼真的作业环境模拟，消除场地限制问题

VR 调车作业实训系统，利用 3D 建模等先进的虚拟现实技术，构建真实的铁路作业场景，在调车作业培训案例中，根据车站的真实场景，1∶1 模拟还原了车站的真实工作环境，比如铁轨、车列、信号灯、站台等，带上 HTC VR 头盔设备，参培职工仿佛到了自己的工作岗位，可以快速沉浸到真实的工作场景中，进行现场作业。“方寸之地”即可完成从接受调车单到作业结束的全流程培训，消除培训易受场地大小及天气影响的局限。“小世界，大格局”，利用 VR 技术为铁路安全管理注入智慧基因，图 3-2 所示为检查铁鞋。

图 3-2　检查铁鞋

（三）沉浸式的实战训练，快速提升参培职工的业务能力

利用 VR 调车作业实训系统，依托 1∶1 的车站模型，有助于参培职工进行沉浸式的实战训练，使他们迅速熟悉车站设备情况。同时，有助于参培职工熟悉调车作业流程、明确调车作业标准，并能进行现场实作模拟演练。该系统克服了以往调车作业人员培训选择性少、模式单一、缺乏真实环境体验等问题。“以练促学，以学督练，学练结合，相辅相成”的教学模式，不仅丰富了培训内容，增加了互动、体验环节，也充分调动了参培职工的积极性，大大提升了真实场景中的操作能力和职工的技术业务水平，图 3-3 所示为人力紧固器。

图 3-3　人力紧固器

（四）理论与实践相结合，打破作业安全禁忌

在 VR 调车作业实训系统的建设过程中，严格依据《铁路技术管理规

程》和《铁路调车作业标准》以及北京局集团公司关于调车作业联控用语等相关规定，模拟调车实际操作，使理论学习和实践操作相结合。同时，在系统中设定需严格按照作业标准进行实际操作，否则无法继续进行，系统具有的实时技术规章提醒功能，打破了安全禁忌，也进一步规范了参培职工可能存在的不当作业习惯，通过场景再现、规章在线学习、语音播报提醒等多种方式，将铁路安全管理的智慧基因融入系统的每一步操作、每一个细节、每一个模块，图 3-4 所示为尽头线作业。

图 3-4　尽头线作业

四、效益分析

（一）经济效益分析

1. 投入"有限度"，收益"难估量"

VR 调车作业实训系统，虽然前期需结合铁路现有技术规章和调车作业标准，与一线站段和 VR 软件制作公司反复沟通交流进行开发，在脚本撰写、场景建模等方面需与现场高度切合，开发周期长，一次性投入大，但在调车作业模式未发生根本改变的情况下，软件可一次开发，长期重复使用，投入"有限度"，收益"难估量"。对需要持续、规模培训的专服中心来说，其开发成本将随着培训量的增加逐步递减，并最终显现出相对于传统培训的成本优势。同时，通过 VR 调车作业实训系统对相关人员进行培训，不需要投入大量的师资及实训设备，职工在沉浸式、互动式、体验式的虚拟教学环境中，就可以学到相应的技能，有利于劳产率的提高。

2. 设备“有智慧”，规范“不抽象”

利用VR调车作业实训系统，可实现每一步操作均能感知、均被记录、均有分析，可根据作业内容及时纠正参培职工不正确、不规范的操作，比如职工操作失误，手柄会发出“吱吱”的震动声。职工在通过线路时，若未执行“一站、二看、三通过”的制度，耳边会有相应的语音提醒，同时脚下前方会出现红色的警示标志。设备“有智慧”，规范“不抽象”，将传统教学模式演变为“理论知识教学＋虚拟现实操作演练”相结合，既增加了参培职工的兴趣，提高了他们的参与度，也大大提升了培训效果。同时，在实训系统中反复训练，安全性更高，参培职工能更快地掌握调车作业的相关知识和铁路标准，大大提升培训效率。

3. 信息“来跑腿”，数据“不流浪”

VR调车作业实训系统，能将众多可用、可参考的数据保存固定下来，数据不再处于“流浪”状态，将一个个分散的安全信息孤岛实现串联，调车作业安全管理的数据价值被深度挖掘，为下阶段更深层次的安全大数据分析运用提供了有力支撑。比如：参培职工在系统中的各种操作、常错、易错的知识点，都被保存记录下来，通过获取到的职工实训过程中的细节数据，实现了培训结果的实时跟踪，既可以让参培职工加强相应模块的训练，实现“缺啥补啥，缺啥培训啥”，快速补齐短板，有效提升培训效率，还可以进行总体的数据分析，提出具有针对性的培训解决方案。

（二）社会效益分析

1. 有助于解决时空的工学矛盾

传统的实作培训需要根据现场情况进行安排，大批量的职工培训，存在组织风险大、情况复杂、现场协调麻烦等问题。同时，很多应急故障处理、非正常作业等场景很难在作业现场真实重现，而采用VR调车作业实训系统，可真实还原这些场景，职工根据培训需求随时进行，不受时空限制。同时，还可以多人参加，相互不受影响，极大地方便了参培职工。此外，还可以利用碎片化时间，随时体验，自主学习。若是采用5G技术，通过专业的直播摄像机实时采集现场全景视频，建立方便快捷的VR全景直播平台，就可以通过网络实现VR远程培训的实时传播，满足不同场景的应用，彻底解决时间和空间的工学矛盾问题。

2. 有助于提高培训的安全性

传统调车作业实训，师傅往往采用边干边教的方式，既易让缺乏经验的参培职工产生紧张情绪，也存在一定程度的安全风险。VR调车作业实训系统是以车站现场环境为基础进行搭建的，各项实训内容同样立足于现场的操作规范。通过高度仿真的VR教学环境，让参培职工身临其境，迅速了解并掌握调车作业规范和常见故障的解决方法，既有助于提高培训的安全性，也能有效防止因为铁路事故和人员伤亡，在社会层面对铁路形象造成的负面影响。

第四章　计算机机房的建设和管理

计算机机房主要是为让学员在上课时能够更好地接受计算机教育，比如课件制作培训、各专业部室研发的信息系统使用培训等，从而更好地服务广大职工。同时，计算机机房也是各种考试最为密集的区域之一，包括职工抽考、各类培训的结业考试、职业技能鉴定考试等。因此，对计算机机房的管理和维护是信息化工作的重要一环。如果不能提高机房管理和维护的质量及水平，对各项培训工作的影响很大。

第一节　计算机机房的建设

计算机机房的建设涉及各个专业，如机房装修、供配电、空调、综合布线、设备监控与消防系统等，相当于一个小型建筑项目。应看成一个统一的系统来进行设计和实施，以提高整体方案实施的可靠性、可用性、安全性和易管理性。

建设一个机房需要注意哪些问题，机房建设的内容有哪些？希望这份完整的机房建设经验，可以给你带来帮助，少走一些弯路。

一、计算机机房建设要解决的问题

(一)基础环境建设标准如何确定

机房基础环境建设应满足《电子信息系统机房设计规范》中相应标准的要求：

A 级：冗错系统配置(铁路总公司调度指挥中心，12306 客票系统)；

B 级：冗余系统配置(各集团公司的客货票系统等)；

C 级：基本系统配置。

当然，通常情况下，计算机机房的建设满足 C 级基本系统配置即可。

(二)机房到底需要多大面积

(1)计算机机房由主机房和辅助机房组成。

(2)主机房面积可按 4 m^2/每台机柜估算。

(3)辅助机房面积=主机房面积/2。

举例:某项目规划需要 50 台机柜,则主机房面积=50×4=200 (m^2),机房总建筑面积=主机面积+辅助机房面积=300 (m^2)。

辅助面积包括计算机机房 UPS 不间断电源、服务器操作间、视频监控室等,可根据实际情况选择建设。

(三)机房造价如何估算

A 级机房:按 10 万元~12 万元/柜或主机房面积 2.5 万元~3 万元/m^2 估算。

B 级机房:按 8 万元~10 万元/柜或主机房面积 2 万元~2.5 万元/m^2 估算。

造价含装修、配电、空调、UPS、机柜、布线等,不含机房 IT 设备。

二、计算机机房的建设内容

依据信息安全等级保护二级要求,计算机机房的建设对装修环境、电源环境、照明环境、电磁接地环境、温湿度、机房洁净程度均提出了相应要求。具体包括:机房装修系统、供配电系统、UPS 电源系统、防雷接地系统、空调与通风系统、动力设备与环境监控系统、消防系统、屏蔽系统、视频监控及报警系统等。

(一)建筑装修

建筑装修是整个机房的基础。它主要起着功能区的合理划分及保证机房环境达标的作用。对机房平面作整体规划,并进行相应的装修设计。机房装修不同于普通装修,要求防尘、防水、防静电、防鼠、保温、防结露、阻燃并具有良好的抗电磁场干扰性。

(二)机房配电

计算机机房供配电系统由配电柜、线缆传输、UPS 等环节组成。

1. 配电箱

机房采用市电配电箱及 UPS 配电箱,市电与 UPS 电做双电源切换,方便用户依据计算机机房负载以及企业发展需求,灵活配置、升级和管理配电系统,如图 4-1 所示。

图 4-1　计算机机房配电箱

2. UPS

UPS 主机就是不间断电源，是将蓄电池（多为铅酸免维护蓄电池）与主机相连接，通过主机逆变器等模块电路将直流电转换成市电的系统设备。主要用于给服务器、单台计算机、计算机网络系统或其他电力电子设备等提供稳定、不间断的电力供应，如图 4-2 所示。

图 4-2　UPS 主机

（三）无管网气体消防

计算机机房是每个信息化的重要部门，机房系统运行和存储的数据都是核心数据，由于计算机设备及其他有关设备本身对消防的特殊要求，机房灭火系统禁止采用水、泡沫及粉末灭火剂，适宜采用气体消防灭火系统，如图 4-3 所示。

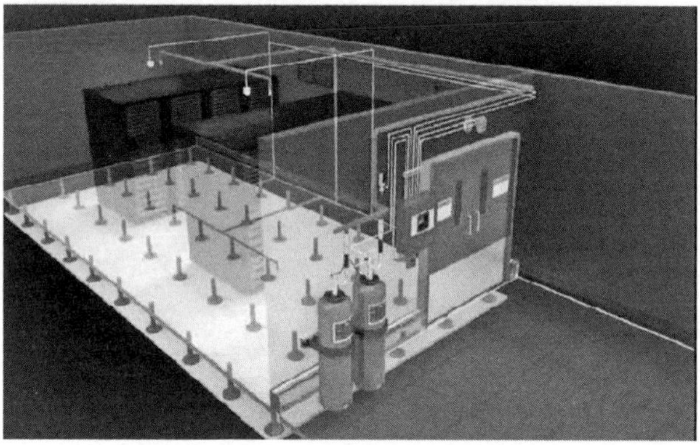

图 4-3　计算机机房消防灭火系统示意图

柜式七氟丙烷气体灭火装置又称无管网七氟丙烷装置，是一种预置的以全淹没方式灭火、独立成套、可移动的灭火设备，如图 4-4 所示。

图 4-4　柜式灭火装置

柜式七氟丙烷气体灭火装置又可以与消防控制中心相连接，由火灾报警灭火控制器驱动实施自动灭火，该装置不需要设置专用的设备间，整套灭火装置均在保护区内。火灾发生时，本装置可直接向保护区内自动喷洒药剂，方便快捷。一个保护区设立一套系统，几台装置连用可以保护较大区域，示意图如图 4-5 所示。

（四）机房防雷接地

防雷接地系统是弱电精密设备及机房保护的重要子系统，主要由雷电接收装置、引下线、接地线、接地体（级）、接地装置、接地网、接地电阻组成，示意图如图 4-6 所示。

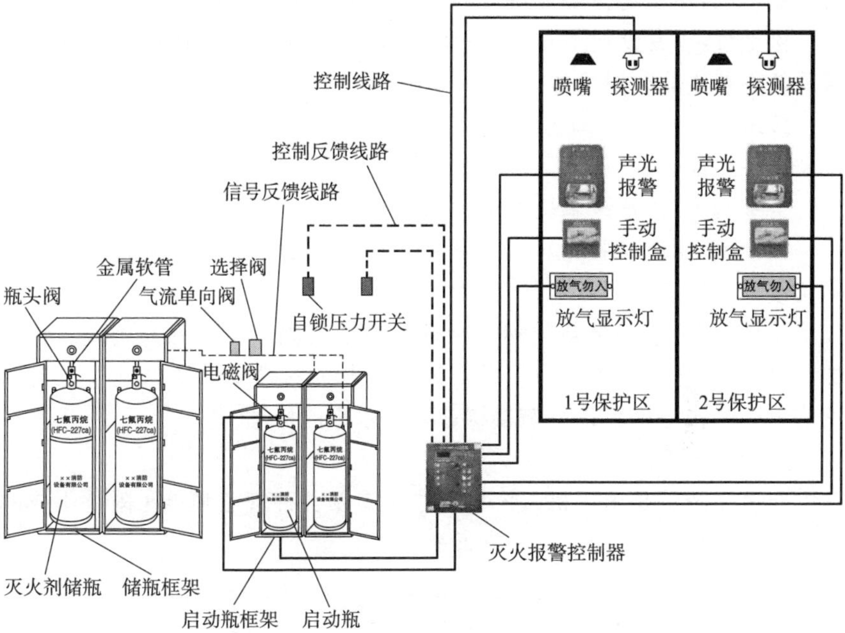

图 4-5　柜式灭火系统示意图

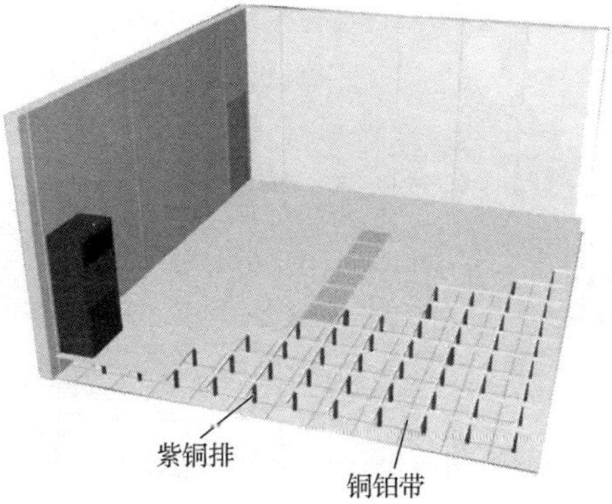

图 4-6　防雷接地示意图

雷电接收装置：直接或间接接受雷电的金属杆（接闪器），如避雷针、避雷带（网）、架空地线及避雷器等。

引下线：用于将雷电流从接闪器传导至接地装置的导体。

接地线：正常情况下，电气设备、杆塔的接地端子与接地体或零线连接用的不载流的金属导体。

接地体（极）：埋入土中并直接与大地接触的金属导体，分为垂直接地体和水平接地体。

接地装置：接地线和接地体的总称。

接地网：由垂直接地体和水平接地体组成的具有泄流和均压作用的网状接地装置。

接地电阻：接地体或自然接地体的对地电阻的总和称为接地装置的接地电阻，其数值等于接地装置对地电压与通过接地体流入地中电流的比值。同时接地电阻也是衡量接地装置水平的标志。

（五）新风系统

新风系统就是由风机、进风口、排风口及各种管道和接头附件组成的一套独立系统，示意图如图4-7所示。

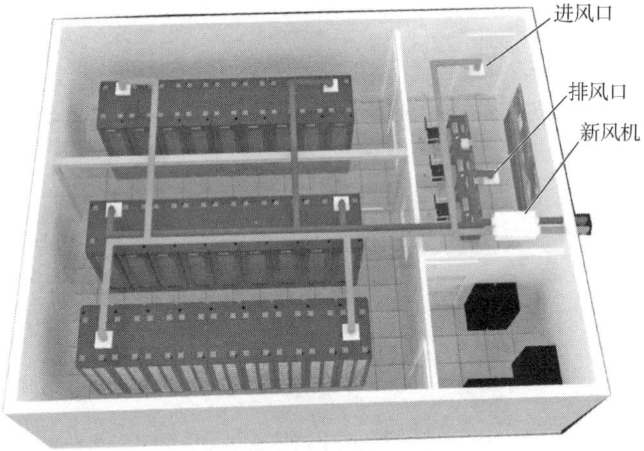

图4-7 新风系统示意图

按照安装方式，新风系统可以分为管道式新风系统（中央新风）和无管道新风系统。主要均由风机、管道及风口三部分组成，管道新风系统的风机主要分为吊顶全热交换新风机和轴流风机；而无管道新风系统的风机主要分为立柜式新风机和壁挂式新风机。按照不同通风原理，新风系统可分为单向流新风系统和双向流新风系统两类。

（六）机房承重

设计机房承重时，如果要符合机房规范，就要考虑在机柜下做散力承重支架，把承重支架底面接触面积增大一倍的方式实现分散楼板承重力的功能。当由于机柜、空调、UPS 电池柜等设备重量较大，超过楼板荷载时，为了保证建筑物本身结构安全和满足一般机房抗震要求，这时就需要对机柜、空调、UPS 电池柜等设备制作散力承重支架了，散力承重支架能分散楼板承重力，可以满足楼板地面承载力的设计要求，示意图如图 4-8 所示。

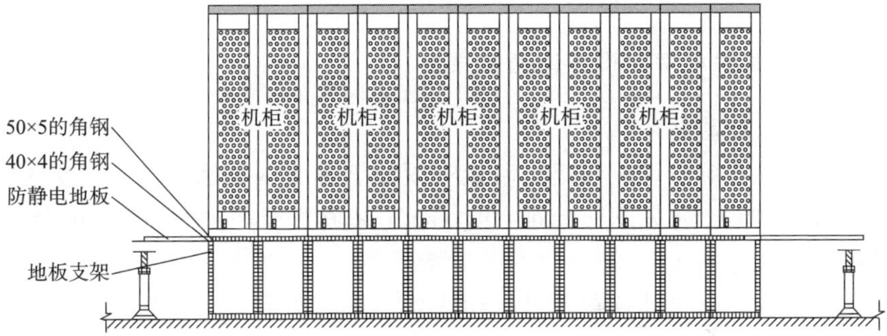

图 4-8　承重架示意图

机房散力承重支架加固一般用钢梁，根据设备位置加固。比如槽钢、角钢，支撑在两端承重结构梁（墙）上。比如在机列位置贴地加两根横向贯通的 50×5 角钢或者 10＃槽钢，这列位置承重可以达 16 000～18 000 N。

（七）机房照明

机房工作照明平均照度大于等于 500 Lux；保证灯源之间在离地 0.8 m 处无“死区”的原则来实施。灯管采用节能日光灯管，灯具开关分组集中控制。同时安装带蓄电池的应急照明灯，便于市电停电后的照明。

应急照明保证人员做应急处理并能够安全快捷地沿通道向出口或应急出口疏散。照度大于 50 Lux，采用 UPS 电池柜给部分灯具进行供电，眩光限制等级要求达到 I 级。

1. 普通照明

整体机房设计对机房照明的均匀度、稳定性、光源的显色性、眩光和阴影等指标也要认真考虑。一般采用光源的色温为 3 300 K,是最接近日光的颜色,工作人员在机房内即使长期工作,眼睛也不会感觉疲劳。

机房原有照明按照机柜布局改造,照明布置在观光走道和列走道正上方。

2. 应急照明

应急照明又称事故照明,是在正常照明因故障或停电熄灭时提供的照明。按照文件要求,通道向出口或应急出口,照度大于 50 Lux,其他部分参照相关标准要求。主机室及已记录的媒体存放间中距地面 0.8 m 处的照度不低于 10 Lux。

三、计算机机房建设应遵循的原则

(一)系统的整体性

所有的系统设计应在建设时统一规划。基于国家颁布的有关标准,包括各种建设、机房设计标准,电力电气保障标准等,坚持统一规范的原则。

(二)系统的先进性与实用性相结合

采用先进成熟的技术和设备,满足当前业务需求,兼顾未来业务发展需求,尽可能采用先进技术、设备和材料,以适应高速的数据传输需要,使整个系统在一段时间内保持技术的先进性,并具有良好的发展潜力。

(三)系统的可靠性

应具备在现有条件下和规定时间内完成规定功能的能力。应具备长期可靠和稳定工作的能力;并具备合理的冗余能力及灾难备份能力,为信息应用系统的高可靠性目标要求提供匹配的基础环境设施条件。

(四)系统的安全性

应具有完整的安全策略和切实可靠的安全手段来保障信息机房用户运行系统基础环境实施的安全。从防火、防水、防盗、接地、防雷、防电磁干扰、降噪等方面采取有效措施,并考虑地面承重能力等特殊技术措施。

(五)系统的可管理性

各系统应具有较强的集中式管理加分布式实施的可管理性逻辑。

第二节　计算机机房的管理

计算机机房的管理就是对制定的规章制度执行、检查和改进。执行是按照制定的规章制度去实施；检查是将执行的过程或结果与规章制度进行对比，总结出经验，找出差距；改进是通过检查总结出的经验，将经验转变为长效机制或新的规定，针对检查发现的问题进行纠正，制定纠正、预防措施。计算机机房管理水平的高低也直接影响着机房的使用率和使用寿命，机房管理应引起信息管理人员的高度重视。

一、计算机机房管理的意义

首先，在互联网飞速发展的时代，计算机的使用已经融入了我们的日常工作与学习，计算机机房的正常运行对教育工作、企业工作的顺利完成具有功不可没的作用。加强计算机机房的管理，可以提高使用者所从事的学习以及工作效率，减少造成不必要的使用卡顿。

其次，加强计算机机房的管理，在一定程度上促进了使用者正确操作规范的养成和计算机技术的普及，在今后的学习和工作使用时，便于提高计算机知识素养和强化计算机使用的技能。

最后，加强计算机机房的管理，有利于充分利用计算机资源，延长计算机使用寿命，减少不必要的资源投入和资源浪费。

二、计算机机房管理的内容

（一）健全计算机机房管理与使用制度

建立健全严格有力的计算机机房管理制度，为日常计算机的使用、维修等工作提供明确化的准则。制度的建立能够加强计算机机房的管理效力，使计算机使用人员形成在看管不到位以及无人看管时形成自我约束力，减少违规事件，从而有效降低计算机的破坏。同样，针对计算机机房的管理人员制定出责任到位的工作机制，将计算机内外部的定期检查与维修以及机房环境处理等工作落实。

规章制度用来规范机房的管理，是机房管理的标准。规章制度要通过日常工作中对它的执行来体现和完善。机房管理制度一般包括：管理科长岗位负责制、技术管理岗位职责、机房管理制度、安全运行管理制度、计算机病毒防范管理制度、安全管理制度、故障机维修登记制度、机房巡检制度等。有了章法，机房管理就有了依据，严格管理的指导思想也能落在实处。

（二）机房防火管理的内容

机房是重点防火单位，应做好防火工作。机房工作人员必须严格遵守各项操作规程。拆装设备时必需断电，不允许带电作业；维修设备时必须先切断设备电源，再进行维修；禁止使用汽油、酒精等易燃易爆品清洗带电设备；严禁在机房内吸烟和使用加热器具。

防火管理的重点是气体灭火系统能否发挥正常作用。对气体灭火系统维护管理要注意以下三点内容：

（1）气体灭火系统应由经过专门培训，并经考核合格的人负责定期检查和维护。

（2）应做好对气体灭火系统的定期检查，并做好记录。检查中发现的问题应及时处理。

（3）每月应对系统进行一次检查，发现问题应及时处置。

（三）加强使用人员的责任意识与使用规范

对计算机使用人员做到上机之前的培训与教育工作。计算机机房的使用者大部分是铁路职工，他们对计算机技术的熟练掌握需要一个过程，计算机技术包罗万象，在使用过程中很容易因为误操作或者好奇心的驱使做出不正确的操作步骤，从而造成病毒入侵或系统漏洞的产生，也容易因为操作姿态不规范对计算机的硬件设施造成人为的破损。因此，提高使用者计算机技术的熟练度是很有必要的。另外，也要注意培养职工的责任心与正义感，规范自我的上机素养，对不规范使用的职工做到及时劝阻与劝诫，看到机房管理教师没有或者不易察觉的问题和安全隐患，及时向机房管理人员上报。

（四）机房环境的更新与检查

由于计算机容易产生静电、怕潮怕热等特殊性，机房内的环境要做到特别布置，经常打扫室内卫生，做好除尘与通风工作。比如机房的清理工作要注意插座、屏幕等，注意老化电线的维修和用电安全，计算机机身的避水性擦拭，进机房时可以利用鞋套等工具减少机房室内的灰尘，还有室内的防光照措施都要做到定时定量的检查与清理，努力打造一个舒适干净又安全的计算机机房环境。

（五）计算机机身的定时检查与清理

计算机在自身的运转使用过程中会经过新陈代谢或者人为因素产生很多垃圾。所以，加强计算机的管理与维护一定及时处理计算机内部的垃圾文件，及时查杀病毒，这既对计算机运转速度提高有帮助，也有利于计算机使用性能的提高。

加强计算机机房管理与维护工作，做到定期检查、责任到位，不仅仅能够延长计算机的使用年限，给企业节省不必要的损失，更能够建立一个规范化、严谨化的计算机机房使用环境，有效地提高了铁路职工和广大学员的满意感，也为他们的学习创造了一个良好的平台支撑。

第三节　还原卡的快速安装

计算机机房增加硬件设备还原卡，有利于整体的计算机维护，比如可以实现计算机系统一键还原、系统增量拷贝、计算机软件的统一安装等，能够大大提高计算机机房的信息化水平，减少计算机维护的时间成本，减少工作量，大大提高劳动效率。目前，很多品牌的计算机都自带硬件设备还原卡，也有很多还原卡是单独购置，重新安装在计算机主板上的，但基本功能都大同小异。

下面以某品牌的单独购置安装的还原卡为例，简要说明硬件设备还原卡的功能。

一、安装还原卡

安装还原卡的步骤如下：

首先，关闭计算机，并且拔掉电源，打开机箱。将还原卡插入一个空闲的 PCI 插槽。然后，重新恢复机箱，并插上电源，启动计算机。计算机自检后，进入还原卡第一次安装对话框，如图 4-9 所示。

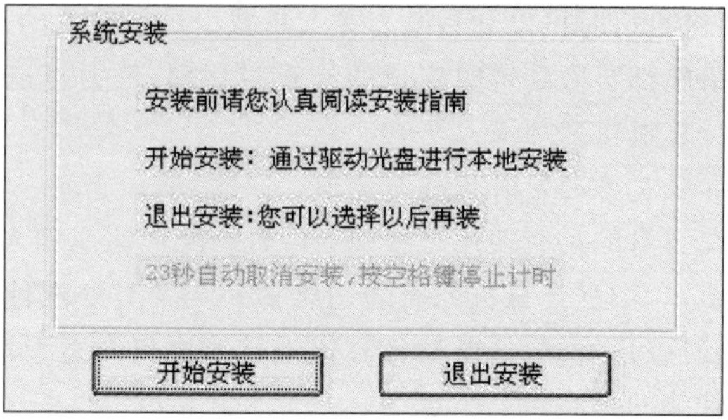

图 4-9　还原卡安装对话框

二、安装流程图

(一)安装发送端流程图(图 4-10)

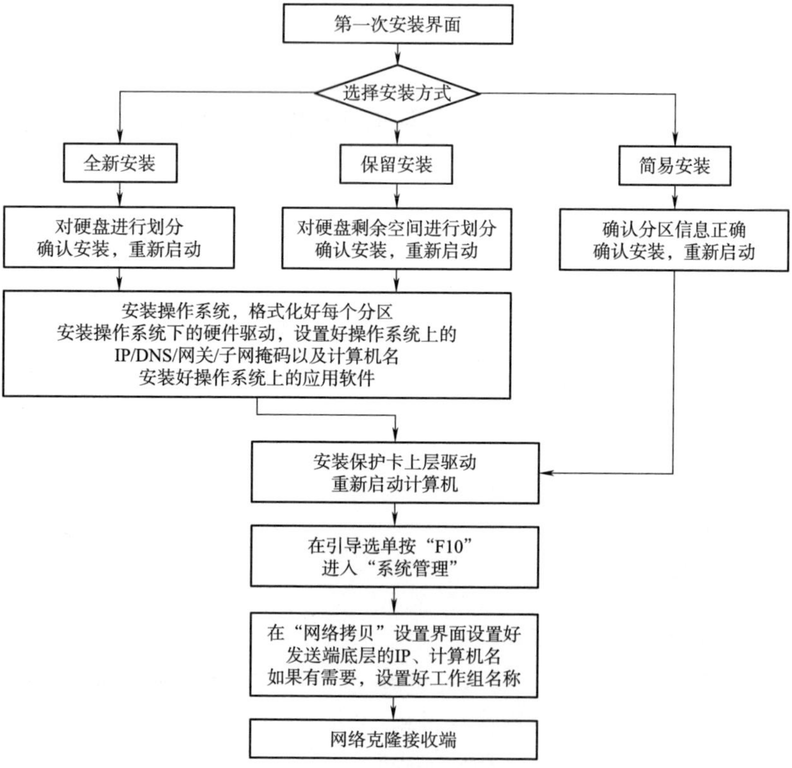

图 4-10　发送端安装流程图

(二)网络克隆接收端流程图(图 4-11)

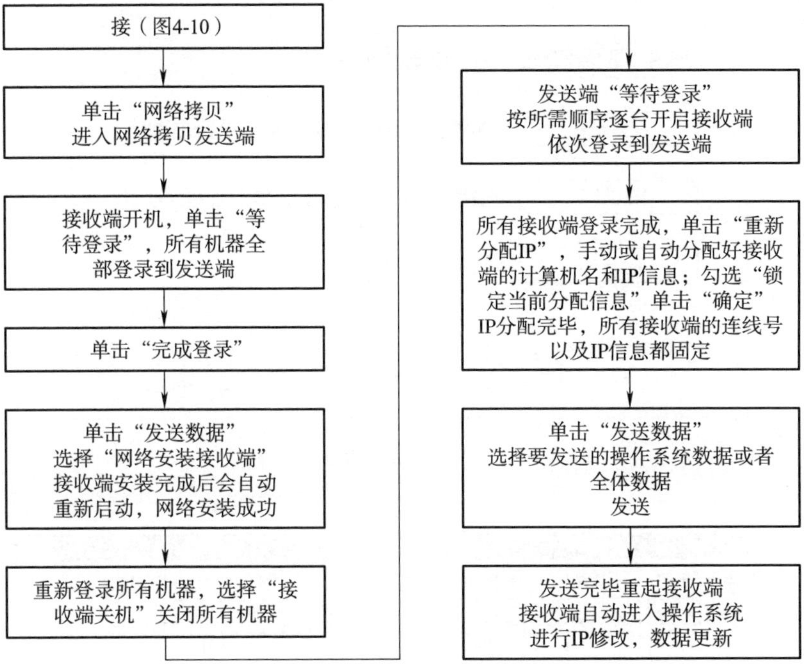

图 4-11　网络克隆接收端流程图

三、安装发送端

(一)选择安装方式——全新安装

插入还原卡驱动光盘,单击"开始安装"按钮,进入"选择安装方式"对话框,提供了"全新安装""简易安装""保留安装""退出安装"四种安装方式,本书以"全新安装"为例,如图 4-12 所示。

单击"全新安装"按钮,进入"全新安装(磁盘分区)"对话框重新划分磁盘分区,如图 4-13 所示。

注意:

1. 还原卡暂存区的可设大小范围为 100 MB～5 GB,用来存储保护的数据。

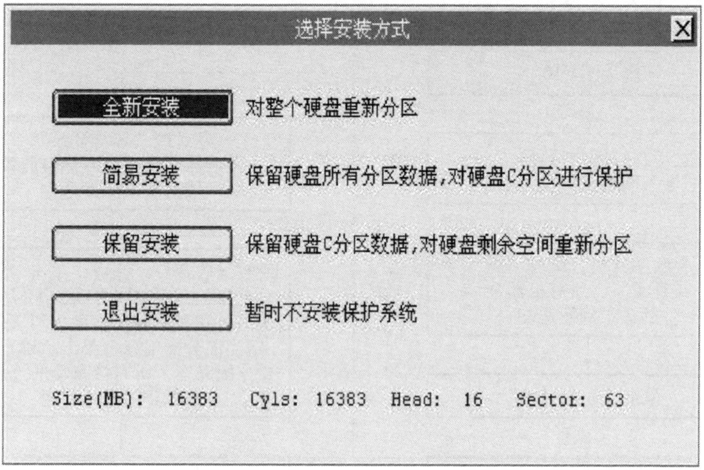

图 4-12 “选择安装方式”对话框

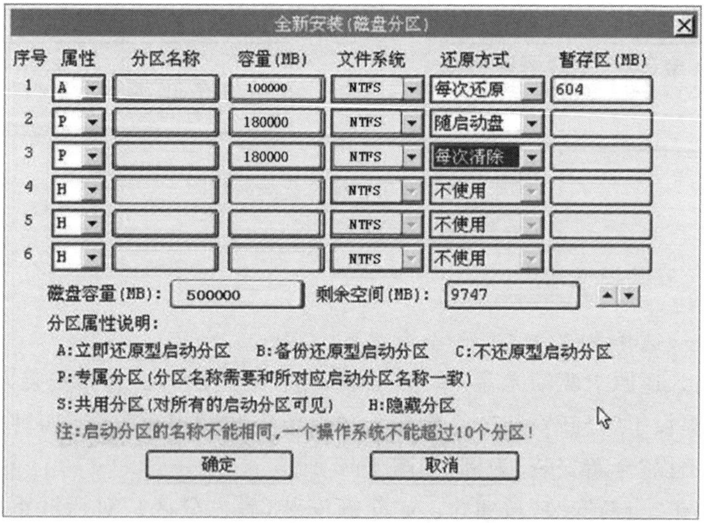

图 4-13 “全新安装”对话框

2. 暂存区的容量大小应结合用户日常使用的数据量及还原模式来设置。

3. 一般情况下，推荐用户暂存区的容量设置为此操作系统下所有保护分区容量之和的5%～10%。

4. 建议Windows 10/Windows 11系统的暂存区要至少大于2 GB。

确认分区信息无误后，单击“确定”按钮，进入“选择设备类型”对话框（网卡类型说明：还原卡系统会自动检测出用户所用计算机的网卡，如果用户安装有多个网卡，并且这些网卡是还原卡系统支持的，用户也可以自行选择），如图4-14所示。

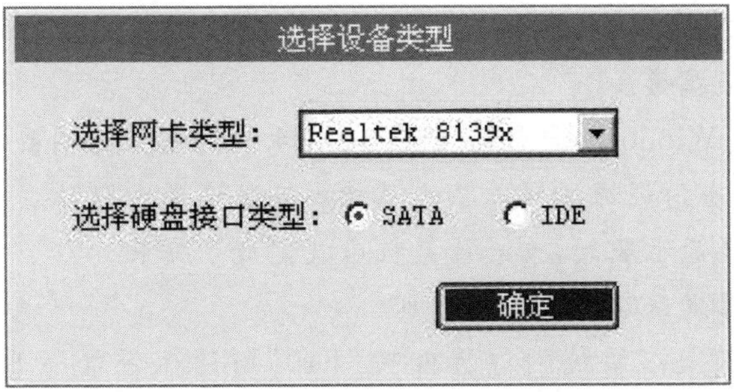

图4-14 “选择设备类型”对话框

选择对应的硬盘接口类型后，单击“确定”按钮，系统重新启动后，出现操作系统引导界面。

（二）安装操作系统及应用软件

注意：

这里以Windows 10系统为例，说明如何安装操作系统和还原卡驱动，其他系统安装方式与此相同。

1. 将Windows 10系统U盘启动盘插入USB接口，设置U盘启动模式，进入操作系统安装，与常规安装方式相同，这里不再详述。

2. 安装完操作系统和所有应用软件之后，将逻辑盘进行格式化（分区格式尽量要与前面分区时格式保持相同）。

3. 做好IP地址和子网掩码、网关、DNS等网络相关配置。

注意：

在还原卡安装时，还原卡已经对操作系统进行了分区规划，用户在进行系统安装的过程中不能再对分区大小进行变更，直接选择安装在C盘即可。

（三）安装还原卡驱动

在还原卡驱动光盘目录中找到还原卡驱动的安装文件，双击安装文件，运行安装程序。在选择安装目录时，请选择受保护的分区，建议安装在C盘上。安装完成后，立即重启计算机。启动完成后，在系统桌面右下角的托盘区域有一个图标，将鼠标移到图标上，就可以知道系统当前的状态和暂存区的占用情况。

⚠ 注意：

（1）安装还原卡驱动前，一定要用杀毒软件对系统做全面检查，确保系统没有感染病毒。

（2）使用 Windows 自带的 Update 将系统补丁升级到最新。

（3）选择备份还原的操作系统不需要安装还原卡驱动。

安装完还原卡驱动，重启计算机后就完成了安装。

（四）设置发送端网络拷贝信息

在还原卡操作系统引导界面按“F10”键进入系统管理对话框，如图 4-15 所示，选择“选择拷贝模式”，设置好发送端“本机名称”“本机 IP 地址”，单击“网络拷贝”。

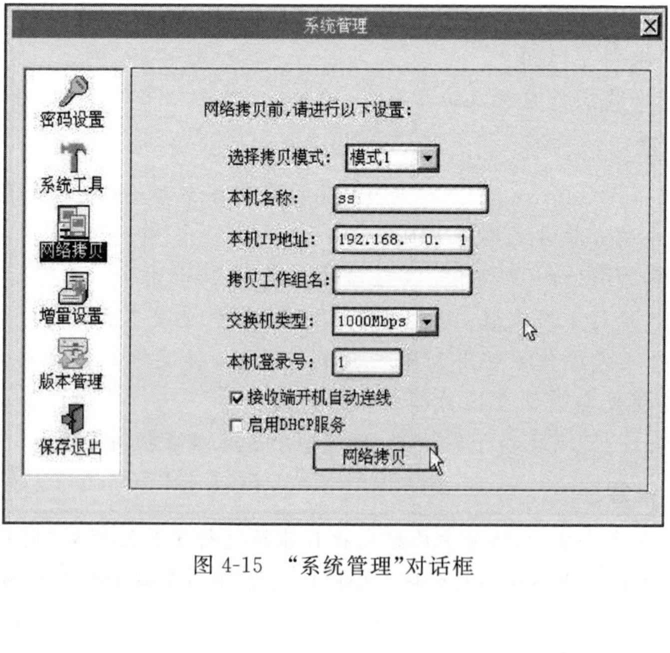

图 4-15 “系统管理”对话框

注意：

（1）主要支持三种网络拷贝模式：模式 1 为可靠拷贝模式，模式 2 为快速拷贝模式，模式 3 为增强型拷贝模式。模式 2 和模式 3 必须工作在所有机器都安装了还原卡驱动的基础上。

（2）网络安装接收端请选用模式 1。

（3）发送端切换不同的拷贝模式时，接收端在自动登录的时候会自动重新启动一次。

如果使用静态 IP，为发送端设置 IP 信息。勾选“接收端开机自动连线”复选框，如果有需要分组，填写好“拷贝工作组名”。

根据所使用的网络环境选择“交换机类型”为 1 000 Mbit/s 或 100 Mbit/s。

四、网络克隆接收端

如果已经将还原卡成功地安装在一台计算机上，可以利用还原卡的网络拷贝功能借助网络将此计算机（称：发送端）的内容复制给其他计算机（称：接收端）。

（一）网络安装接收端底层驱动

1. 进入发送端，等待接收端登录

在还原卡进入系统维护主界面，单击“网络拷贝”按钮，进入“发送/接收端选择”对话框，如图 4-16 所示。

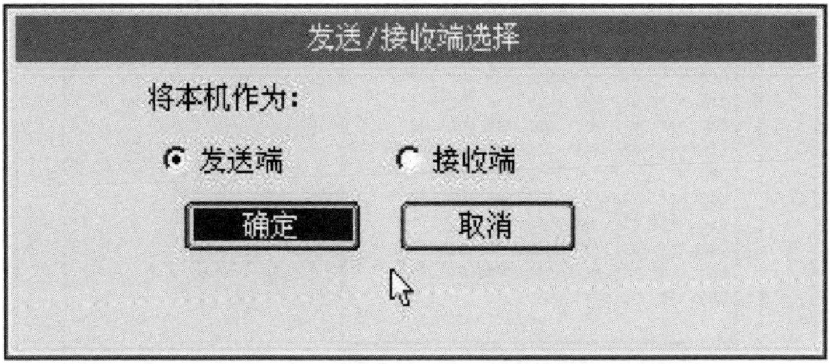

图 4-16 “发送/接收端选择”对话框

在对话框中选择“发送端”，单击“确定”按钮，进入“发送端”网络拷贝控制对话框，如图 4-17 所示。

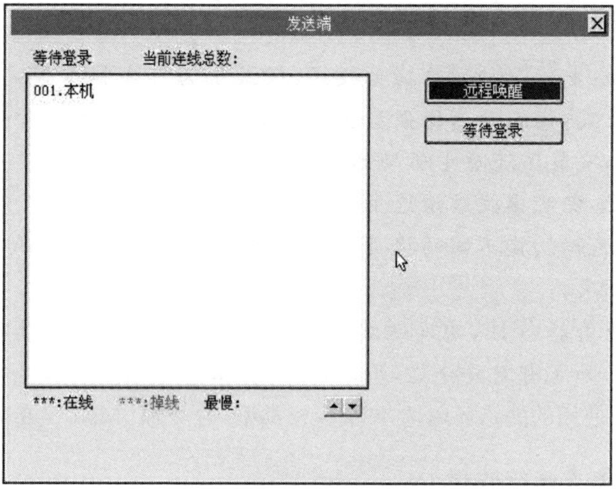

图 4-17　发送端网络拷贝控制对话框

单击“等待登录”后,发送端等待接收端的登录。

2. 接收端登录发送端

接收端开机,自动登录到发送端。

在发送端的网络拷贝对话框下,单击“完成登录”,如图 4-18 所示。

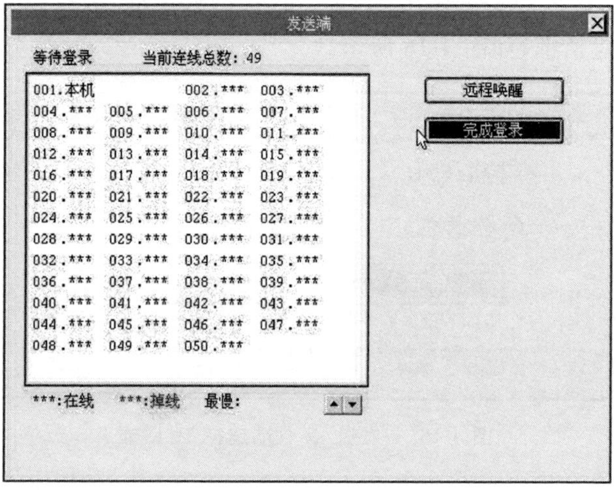

图 4-18　发送端网络拷贝对话框

⚠ 注意：

接收端登录发送端有以下三种情况：

(1)在没有安装还原卡底层驱动之前，能够自动响应主控端的登录请求，自动登录发送端。

(2)已经安装了还原卡底层驱动的计算机，如果开启了“接收端开机自动连线”功能，那么在开机后引导操作系统之前，自动登录发送端。

(3)已经安装了还原卡底层驱动的客户端，但是没有开启“接收端开机自动连线”功能，可以使用快捷键“F9”，进行一键连接。

(4)已经安装了还原卡底层驱动的客户端，但是没有开启“接收端开机自动连线”功能，可以手工连接(按“F10”键，依次单击“网络拷贝—接收端”即可)到等待登录的发送端。

3. 执行网络拷贝，网络安装接收端底层驱动

单击“完成登录”，准备发送数据，如图 4-19 所示。

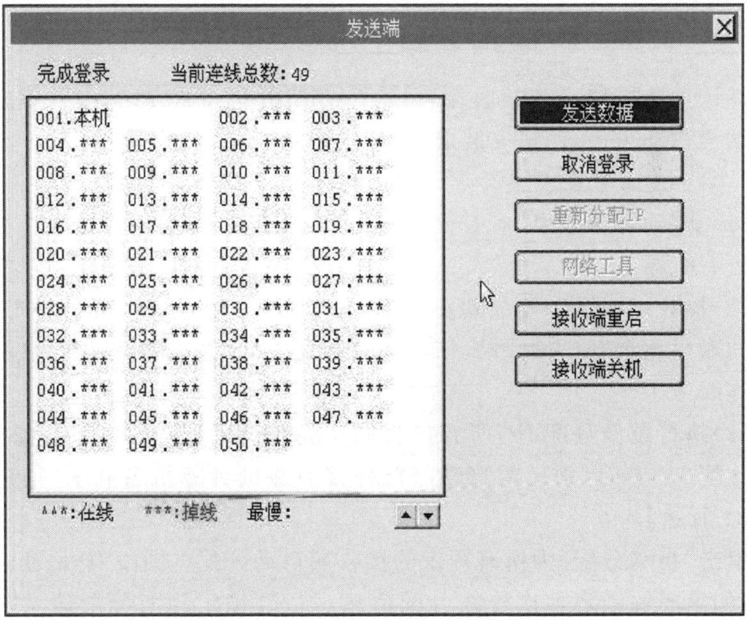

图 4-19　发送端准备发送数据对话框

单击“发送数据”进入“发送数据”对话框，如图 4-20 所示。

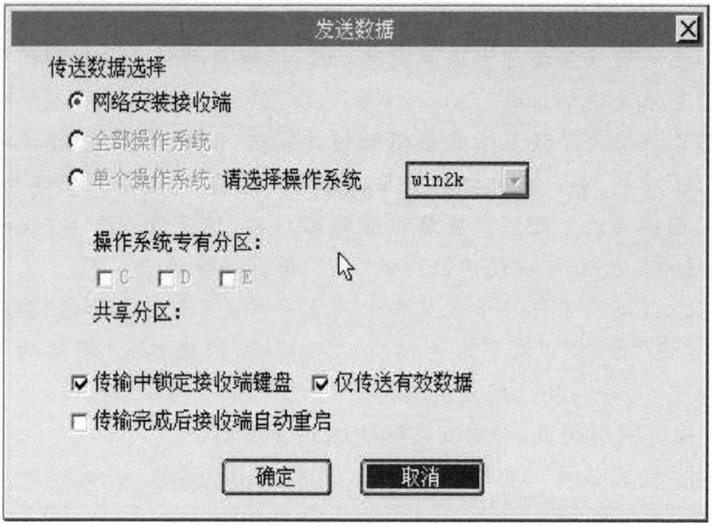

图 4-20 “发送数据”对话框

默认项是网络安装接收端，单击“确定”按钮开始安装，安装完成后，接收端会自动重启，网络安装成功。

（二）配置接收端信息

（1）重新“等待登录”所有机器，单击“完成登录”后选择“接收端关机”关闭所有机器。

（2）接收端按顺序登录到发送端，发送端“等待登录”，按机房布置所需要的顺序逐台开启接收端，依次登录到发送端，这样就可以布置好接收端的连线号了。

（3）执行重新分配 IP，所有接收端完成登录后，单击“重新分配 IP”，出现分配 IP 界面，手动或自动分配好接收端的计算机名和 IP 信息，如图 4-21 所示。

单击“自动分配”为所有登录的接收端自动分配本网段 IP 地址，计算机名，如果需要锁定本次连线分配信息，勾选“锁定当前分配信息”复选框，然后单击“确定”。

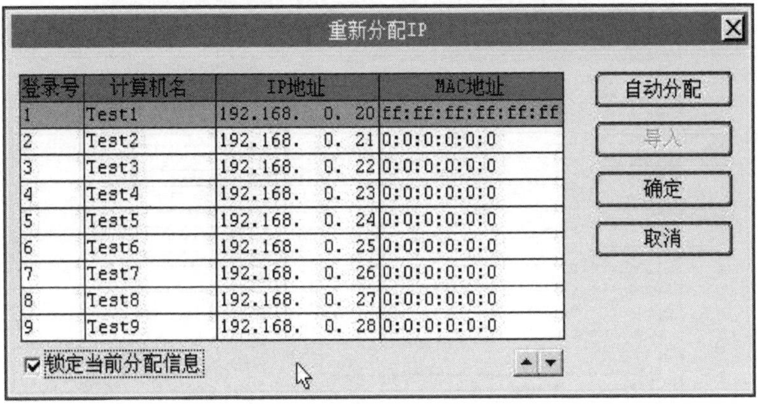

图 4-21 “重新分配 IP”对话框

注意：

(1)如果用户勾选“锁定当前分配信息”，以后接收端将按照锁定的号码登录到发送端，不需要再进行任何 IP 分配动作了。

(2)“自动分配”功能是以连线号为 1 的机器的计算名和 IP 地址为基准的，如果没有连线号为 1 的机器登录上来，则不能使用“自动分配”功能，手工修改所需要的机器即可。

(3)接收端自动修改 IP，重新启动之后，会自动引导被拷贝操作系统进入系统进行本地设置。本地设置完成后，系统会再次自动重新启动，保存本地参数，显示引导菜单。上述操作自动完成，不需要人工干预。

(三)传送操作系统数据

单击“发送数据”进入传送对话框，此时可以选择发送全部操作系统或者是单个操作系统的分区。

选择好发送对象后，单击“确定”按钮开始传送数据，如图 4-22 所示。

在网络拷贝控制对话框单击“接收端重启”按钮，让接收端重启自动更新。

注意：

如果发送过程中发送数据速度不正常，请检查网络环境。

图 4-22　数据发送对话框

第四节　还原卡的使用

一、网络增量拷贝

(一)增量拷贝的流程图(图 4-23)

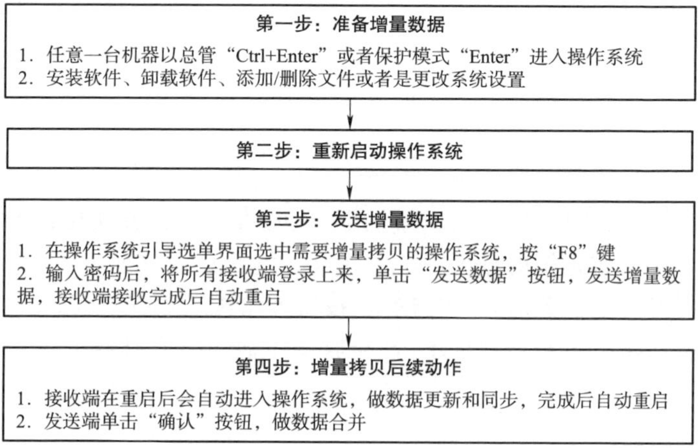

图 4-23　增量拷贝流程图

(二)实现增量拷贝的前提条件

(1)操作系统的可引导分区必须是立即还原型引导盘。

(2)发送端的机器必须安装还原卡驱动程序。

(3)发送端所保护可引导分区的还原方式必须设为保护模式,如:每次还原/每日还原/每周还原/每月还原/手动还原。

注意:

(1)增量拷贝是以操作系统为单位的,一次只能针对一个操作系统保护分区数据,非保护分区中的数据不能进行增量拷贝。

(2)可引导分区还原方式如设置"不使用",则该引导分区及保护分区将不支持增量拷贝的操作。

(3)发送端与接收端必须先执行网络拷贝(即发送端和接收端的操作系统是通过统一的一次网络复制)。

以上条件缺一不可!

(三)增量拷贝全过程

(1)准备增量数据

选择要进行增量的发送端,在引导界面,以总管模式或保护模式进入操作系统,对系统进行软件的增加/卸载,修改计算机的系统配置信息,操作完成后重新启动操作系统。

注意:

如果安装软件过程中需要重启多次,则重启以后请以暂时保留"Ctrl+K"模式进入。

(2)执行增量拷贝

①在还原卡操作系统引导选择界面上用上下方向键选定将要进行增量拷贝的操作系统,按"F8"键,输入管理员密码后将进入增量拷贝控制界面,如图 4-24 所示。

②单击"等待登录",等待接收端机器登录。

③在接收端登录发送端时,发送端将会对接收端的数据状态进行比对,如果不同,将不能进行增量拷贝,发送端不显示该接收端计算机,如图 4-25 所示。

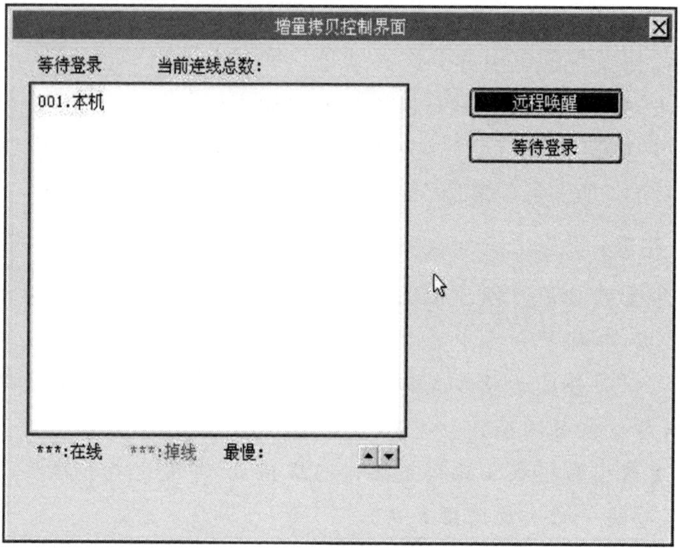

图 4-24 “增量拷贝控制”界面

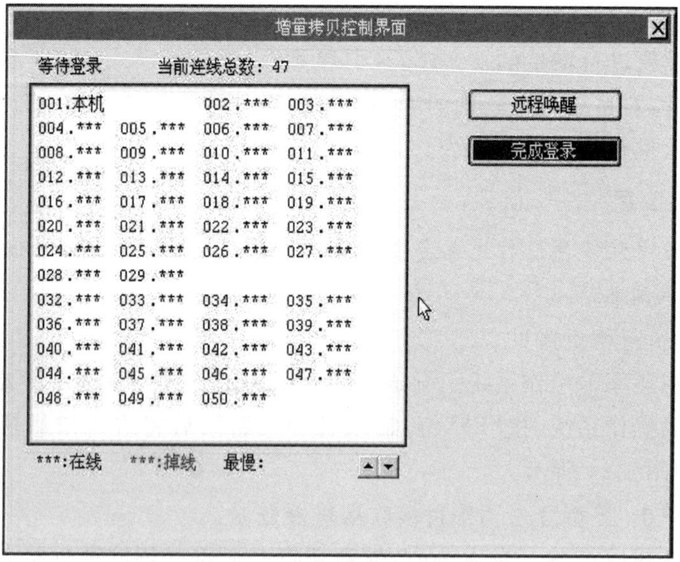

图 4-25 增量拷贝等待登录情况对话框

接收端显示“本机状态错误,不支持增量拷贝!”,如图 4-26 所示。

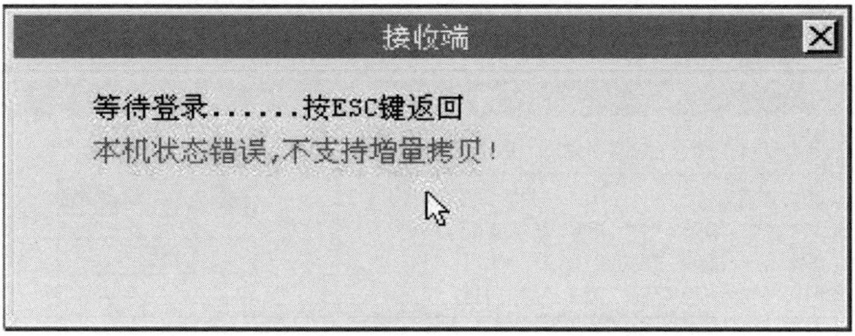

图 4-26　接收端不支持增量拷贝对话框

注意:

如果在增量拷贝时,接收端提示不支持增量拷贝,请查看是否符合增量拷贝的条件。

④当需要进行本次增量拷贝的计算机都登录完毕后,单击“完成登录”按钮,确定此次进行增量拷贝的计算机,如图 4-27 所示。

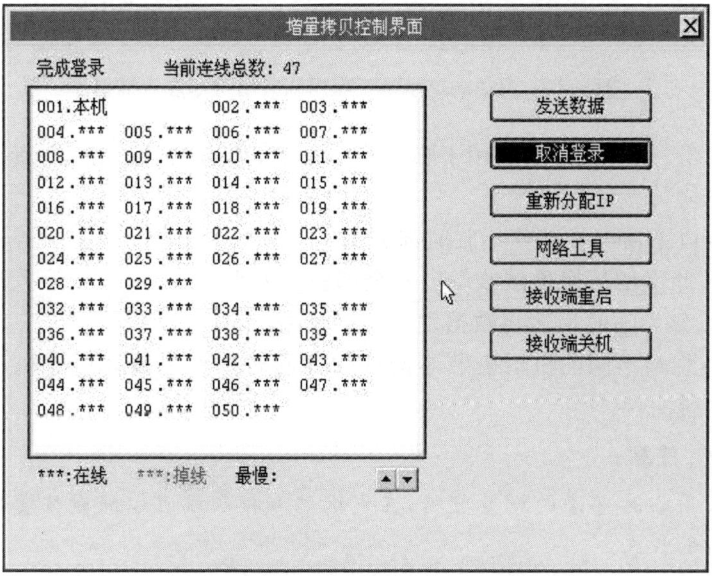

图 4-27　增量拷贝完成登录对话框

⑤单击“发送数据”按钮，发送端询问“是否启用临时部署?”，如图 4-28 所示。

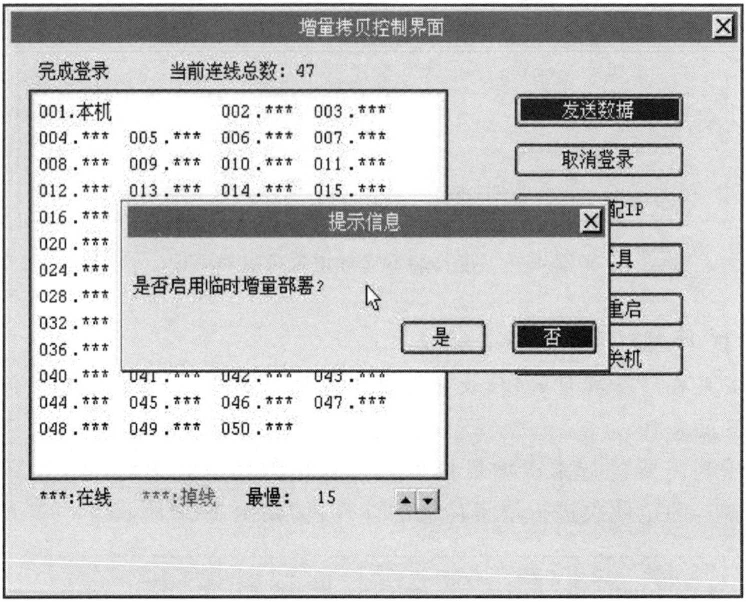

图 4-28　发送端提示是否启用临时增量部署对话框

单击“是”按钮，则启用了临时增量部署；单击“否”按钮，则启用了永久增量拷贝。

有以下情况推荐使用临时部署：

a. 此次增量拷贝接收端没有全部登录上来。

b. 作为临时用途将数据发送到接收端。

c. 想给不同的机器安装不同的软件同时又不想破坏所有机器增量拷贝的统一性。

注意：

采用临时部署的增量数据，在发送端和接收端可以随时恢复增量拷贝以前的状态。

⑥进行选择后，开始发送数据，如图 4-29 所示。

图 4-29　开始发送数据对话框

⑦发送端在完成数据发送后，如果没有启用临时增量部署，系统将询问用户是否完成本次增量更新（增量拷贝）。如果您确认所有的接收端均已正确接收到了增量数据，并且进入对应的操作系统完成更新数据和硬件信息的收集，那么您可以单击“确定”按钮，如图 4-30 所示，完成本次增量更新过程。

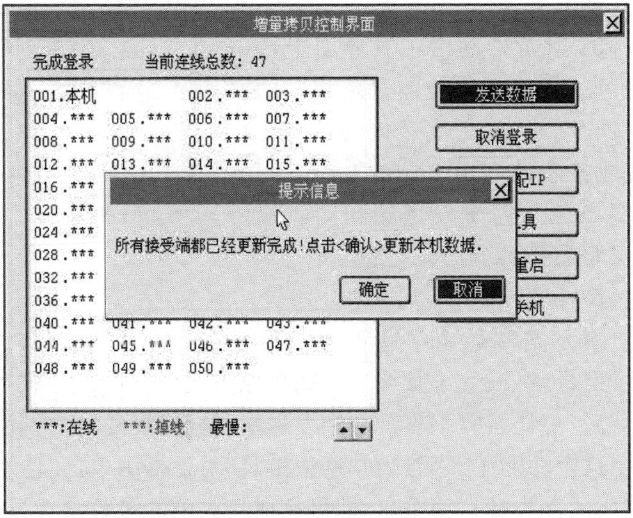

图 4-30　“增量拷贝完成”对话框

⚠ **注意：**

a. 发送端非临时增量部署拷贝时，禁止用户以任何方式引导该操作系统，直到完成本次增量拷贝更新。

b. 如果在网络传输中有部分接收端发生掉线，可以在此次传输之后，出现图 4-29 提示时，单击“取消发送”按钮，重新登录掉线的客户端，再次进行增量拷贝。

c. 整个增量拷贝过程，客户端计算机所做动作不需管理员干涉，是完全自动的。

⑧接收端计算机在完成增量拷贝之后，自动进行增量数据和本地数据的合并。合并完成后，接收端计算机将自动重启并引导刚刚完成增量拷贝的操作系统，自动进行计算机的本地维护（如修改 IP 等）。

二、网络工具

在网络拷贝的发送端界面，等待所有接收端登录后，单击“完成登录”按钮，单击“网络工具”按钮，将会弹出如图 4-31 所示的网络工具对话框。

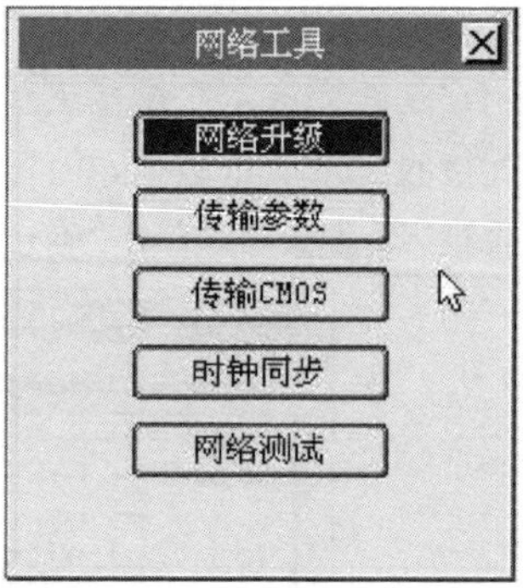

图 4-31 “网络工具”对话框

（一）网络升级

在图 4-31 所示的网络工具界面上单击“网络升级”按钮，将传输与发送端相同的底层驱动给接收端，传送完成后接收端自动重启，即可完成接收端底层驱动的升级。网络升级的前提条件是原来发送端和接收端所安装的底层驱动和系统参数一致。

（二）传输参数

当用户对发送端做了一些设置的更改（如：设置了引导盘、设置了某个分区的还原方式由“每次还原”变为“每日还原”）保存后，想让接收端也具有和发送端相同的设置，这时就可以使用“传输参数”这个功能了。用户在“网络工具”对话框中单击“传输参数”按钮，传送完成后接收端自动重启，即可完成接收端的参数设置与发送端的参数设置同步的操作。传输参数的前提条件是原来发送端和接收端所安装的底层驱动一致。

（三）传输 CMOS

当用户在发送端对 CMOS 做了一些设置（如：改变了引导顺序由“第一引导— U 盘”，改为“第一引导—硬盘”等）保存后，想让接收端也具有和发送端相同的 CMOS 设置，这时就可以使用“传输 CMOS”这个功能了。用户在“网络工具”对话框中单击“传输 CMOS”按钮，传送完成后，用户控制接收端自动重启，即可完成接收端的 CMOS 设置与发送端的 CMOS 设置同步的操作。传输 CMOS 的前提条件是原来发送端和接收端的计算机硬件和 BIOS 配置等计算机本身的参数一致。

（四）时钟同步

当用户想让接收端也具有和发送端相同的时钟设置时，就可以使用“时钟同步”这个功能了。用户在“网络工具”对话框中单击“时钟同步”按钮，传送完成后，用户控制接收端自动重启，即可完成接收端的时钟设置与发送端的时钟设置同步的操作。

（五）网络参数调节

用户在“发送端”对话框上按“F10”键，将会调出“网络参数设置”对话框，如图 4-32 所示，用户可以通过调节这些参数，调节还原卡对应的网络传输参数，各个参数的说明请见下面的详细说明。

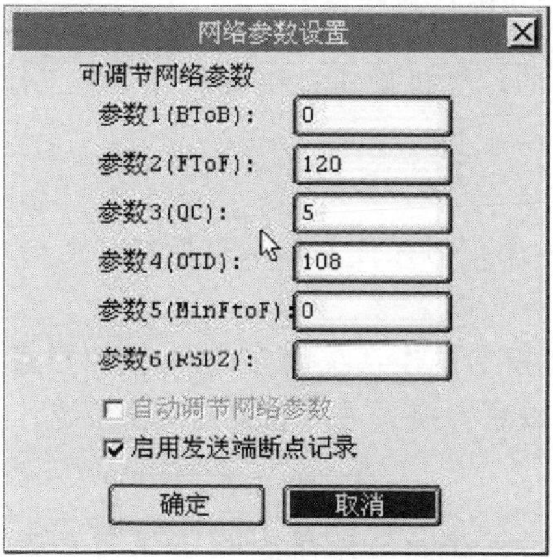

图 4-32 “网络参数设置”对话框

参数详细说明：

(1)参数1:调节网络大块数据传输的延时,这个主要针对交换机有端口流量限制的情况进行调节。

(2)参数2:调节网络帧对帧的延时,这个参数针对所有交换机都有效,调节这个参数可以明显地调节网络速度。

(3)参数3:这是发送端网络查询参数,这个参数必须大于或等于1,主要针对接收端反馈比较慢情况,或者是交换机全双工转发数据慢或者是流量限制的情况。

(4)参数4:网络掉线设置参数,这个值18代表1秒,108表示6秒,这个参数表示发送端在设置的多少秒以内收不到接收端反馈,就把接收端当作掉线处理。

(5)参数5:这个是参数2的最小值,对于千兆网卡在百兆交换机的情况,这个值建议大于35。

(6)参数6:保留,目前没有定义。

(7)自动调节网络参数,这个功能启用后,发送端会自动调节网络参数,以适应达到最快的网络速度。

(8)启用发送端断点记录,这个功能启用后,发送端在突然断电和关机的情况下还支持断点续传。

三、还原卡管理功能设置指南

安装了还原卡的计算机操作系统可以有两种工作模式:总管模式和保护模式。

(一)总管模式

在总管模式下,用户对操作系统数据所作任何修改都将直接被写入磁盘。

进入方式:在还原卡操作系统引导选择处,用户通过按“Ctrl＋Enter”组合键,输入密码,以总管模式进入选定的操作系统。

⚠ 注意:

对于立即还原方式保护的操作系统,如果用户还没有安装还原卡驱动,那么用户总是以总管模式进入此操作系统。

(二)保护模式

进入方式：在还原卡操作系统引导选择处，用户通过按“Enter”键或单击，进入选定的操作系统。

在保护模式下，用户(或者病毒)对操作系统数据所作的任何改动都将被写入还原卡缓存中。计算机重启还原后这些改动将不复存在。

⚠ **注意：**

还原卡驱动程序安装后，将会在 Windows 任务栏添加一个图标(还原卡托盘)，用户可以根据此图标的形状或者将鼠标移至托盘上面或者双击还原卡托盘来获悉当前操作系统工作模式以及还原卡缓存的使用情况。

还原卡硬盘的数据操作主要包括还原和备份两种操作。

还原操作：

用户在进入操作系统前，在操作系统引导选择界面上选定要进行还原操作的操作系统，然后使用“Ctrl+R”组合键对该操作系统进行还原操作，还原卡提示还原成功，系统还原到上次建立还原点时的状态。

备份操作：

(1)用户在进入操作系统前，在操作系统引导选择界面上选定要进行备份操作的操作系统，然后使用“Ctrl+B”组合键对该操作系统进行备份操作，此操作须密码验证。

(2)密码验证通过后，还原卡将进行备份操作，完成后还原卡为该系统建立新的还原点。

(三)恢复到增量拷贝以前的状态

(1)用户在进入操作系统前，在操作系统引导选单界面上选定要进行保留操作的操作系统，然后使用“Ctrl+C”组合键将该操作系统的状态恢复到增量拷贝以前的状态，此功能需要进行密码验证，然后按照提示操作。

(2)用户在增量拷贝后发生意外情况可以使用此功能。

四、系统管理

在系统引导选单界面上按“F10”键，输入正确的管理员密码(初始密码为空)后，即可以进入“系统管理”对话框。

系统管理功能包括:密码设置、系统工具设置、网络拷贝设置、增量设置和版本管理等功能。

(一)开机设置

进入"系统管理"对话框后,单击左侧工具栏中的"系统工具"项,将进入"系统设置"界面,选择"开机设置"对话框,如图 4-33 所示。

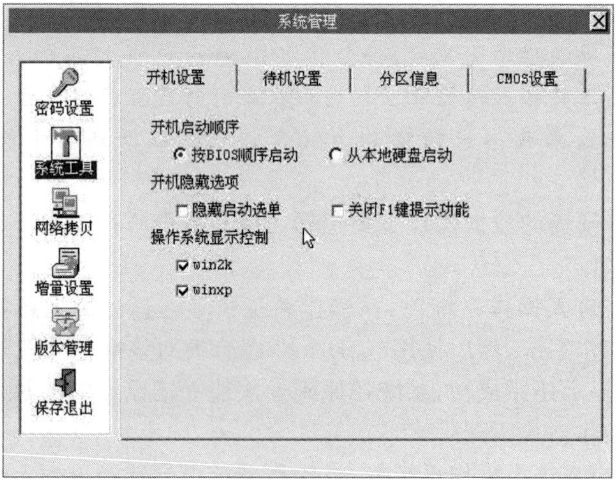

图 4-33　还原卡开机设置对话框

1. 开机启动顺序

(1)按 BIOS 顺序启动:计算机引导系统启动的顺序将按照 BIOS 中设置的先后次序进行引导。

(2)从本地硬盘启动:计算机将直接从硬盘引导系统启动。

2. 开机隐藏选项

(1)隐藏启动选单:选中此项,在还原卡加载过程中将不显示操作系统引导选单界面,而直接引导启动默认的操作系统(缺省的操作系统在"待机设置"中指定)。

(2)关闭"F1"键提示功能:选中此项,在操作系统引导选择界面上将不再支持"F1"键显示操作帮助提示功能。

3. 操作系统显示控制

用户可以选择要在操作系统引导选择界面上显示的操作系统。

(二)待机设置

进入还原卡系统维护主界面后,单击左侧工具栏中的"系统工具"项,将进入"系统设置"界面,选择"待机设置"对话框,如图 4-34 所示。

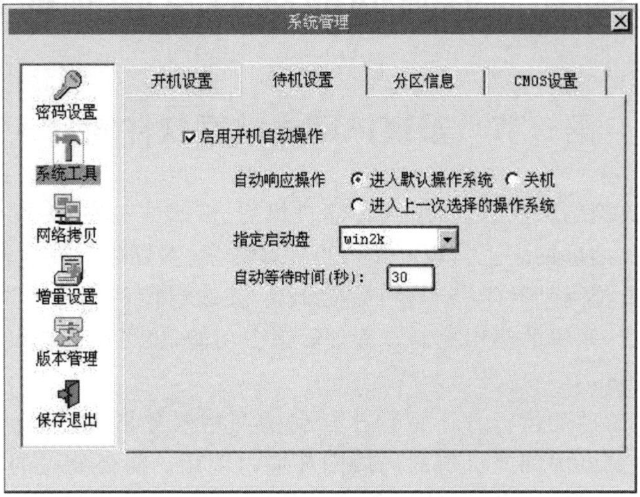

图 4-34　还原卡待机设置对话框

启用开机自动操作:选中此项,将启用开机自动操作功能,只有选中此项才能进行下面的设置。

自动响应操作:选择开机后自动执行的操作,进入默认操作系统、关机或者是进入上一次选择的操作系统。

指定启动盘:当"自动响应操作"选择为"进入默认操作系统",用户可以通过列表指定默认进入的操作系统。

自动等待时间(秒):为执行"自动响应操作"等待的时间,必须设置成为非零值才能生效。

注意:

请用户根据实际网络情况设置"自动等待时间",如果在网络情况不好的环境中设置的"自动等待时间"较小,则可能会出现接收端自动登录发送端失败的情况。

第五章　多媒体网络教室软件应用

第一节　多媒体网络教室软件简介

多媒体网络教室软件，能在计算机机房、多媒体教室、多媒体网络教室或者单位内部网络上实现同步屏幕广播教学、多媒体音视频教学、教师和学生全方位互动教学、分发和提交作业、在线自测和网络考试、屏幕监视与录像、计算机的集中控制与管理等诸多功能，也可用于会议室的同步演示与示范。

同时，软件的运行并不依赖于任何的网络服务器，能独立于网络类型，适合在路网内部或机房的局域网环境内使用。需要要做的只是在用来当作“教师机”和“学生机”的计算机上安装相关的程序组件即可。以下对多媒体网络教室软件做一个简单的介绍。

一、总体框架说明

软件在软件功能模块上分为两个部分：

(1)教师/管理机程序：“安装教师机/管理机”程序后，会在 Windows 桌面上创建一个图标，双击这个图标就可以启动教师/管理机程序。程序主窗口是教师用来直接操作所有功能，完成教学任务的功能入口。一般情况下，一个教室里只需在一台教师机上安装该程序即可。

安装教师/管理机程序的计算机，担当了“管理机”和“教师机”的角色，所有教学任务的实现、管理任务的完成，都在这台计算机上进行。

(2)学生机程序：这是安装在所有“学生机”上的程序组件，只有安装了该程序组件后才能构架起一个多媒体教学网络。安装完“学生机”程序后，该程序会在计算机启动时自动运行，担当“学生机”的角色。运行后，会在 Windows 托盘区显示“学生机”图标，是学生进行操作的功能入口。

二、学生机数量的限制

多媒体广播教室软件，能正常支持的学生机数量，多至几十个、几百个节点，由于采用的是广播/多播技术（众所周知，广播/多播方式不会因为网段上计算机数量的增加而增加额外的网络通信流量），所以即使学生机数量增加，也不会影响网络性能与软件系统的速度。也就是说，无论是多少台计算机的教室，多媒体广播教室软件都具有同样优异的运行速度和性能。当然，网络交换机需要性能优良，背板带宽和网络接口能够同时支持相应的数据量交换。

第二节　多媒体网络教室软件功能介绍

一、教师演示：将屏幕同步广播给学生

在局域网内同步广播是多媒体广播教室软件的核心功能之一，它不依赖于教学中使用的应用软件。无论是演示各种应用软件的操作，还是教学中同步多媒体课件和视频播放的内容，都可以同步到所有或部分学生的电脑上。

怎样启动“教师演示”功能？

在教师机的桌面上打开教师/管理机程序图标，从图示所指的删除，启动教师演示功能工具条按钮启动或终止“教师演示”功能。按下该按钮删除，启动教师演示功能后，所有选择的计算机进入接收广播状态，而担当“教师机”角色的电脑启动“屏幕广播服务”，开始将“教师机”上的屏幕画面同步广播给“学生机”。

“学生机”无论是接收来自教师机同步广播的屏幕画面，还是接收来自其他学生机示范的屏幕画面，都可以主动选择“屏幕录制”操作，将接收到的屏幕画面以动画影像的格式存储下来。这样，学生就可以在课余时间温习上课的内容，甚至带回家中温习和巩固。

如果在“教师演示”状态下，“学生机”因为迟开机、重新启动或其他原因掉线，当电脑重新启动进入操作系统后，会自动强制该“学生机”再次进入广播状态。这样，就可以避免“学生机”逃脱控制，保证正常的上课秩序。

二、教师演示＋录制：广播的同时，进行屏幕录制

软件提供的“教师演示＋录制”功能，可以在同步广播“教师机”屏幕图像的同时，将广播出去的屏幕画面录制下来。录制的内容以动画影像的格式存储之后，可以直接通过“屏幕回放”的功能播放。

该功能简单实用，例如，教师可以将教学内容录制下来，后续若有相同课程，可以通过“屏幕回放＋演示”功能同步广播给学生，而无须重复操作，使教学工作变得轻松。另外，教师也可以将录制好的屏幕图像文件分发给学生，使学生可以在课余的时间温习上课的内容，甚至带回家中温习和巩固。

三、屏幕回放＋演示：将录制好的屏幕进行同步广播

软件提供的“屏幕回放＋演示”功能，可以将事先录制好的屏幕画面通过回放操作直接同步广播给“学生机”，借助该功能，可以实现教学的自动化和规范化。

这样，教师在备课时可以事先录制好上课需要演示的内容，上课时自动回放给学生就可以了，无须临时做演示操作。同时，也可以和其他教师共享演示内容，做到一劳永逸。

首先选择要接收同步广播的“学生机”，然后在“功能菜单→教学广播”菜单下或者辅助工具条上可以找到“屏幕回放＋演示”功能项，单击它，弹出“请先选择一个屏幕图像文件”窗口，如图 5-1 所示。

图 5-1　选择屏幕图像文件窗口

选择需要演示给学生的屏幕图像文件，再单击“打开”按钮，后面的操作与“屏幕回放”功能相同。

在“屏幕回放”窗口上选择“自动回放”菜单项后，所有的屏幕画面都

以动画影像的方式同步广播给“学生机”，就好像教师在实际操作“教师演示”一样。

四、学生示范:随时指定任意一个学生进行示范操作

在计算机网络教学和培训中，运行多媒体广播教室软件的计算机将扮演“教师机”或“学生机”两种角色。其中“教师机”启动“屏幕广播服务”，将自己的屏幕画面向局域网内同步广播，以便“学生机”可以接收到。而“学生机”则接收来自指定“教师机”的屏幕画面，即显示教师的演示内容。这种角色的转换非常容易，任何一台“学生机”，随时都可以扮演“教师机”的角色进行屏幕画面的广播，实现这一功能的就是“学生示范”。

怎样启动“学生示范”功能?

在“管理机”的桌面上打开教师/管理机程序，就可以按钮启动或终止“学生示范”功能。启动学生示范功能后，所有选择的电脑进入接收广播状态。而接下来打开的“学生示范”对话框中，如图 5-2 所示。

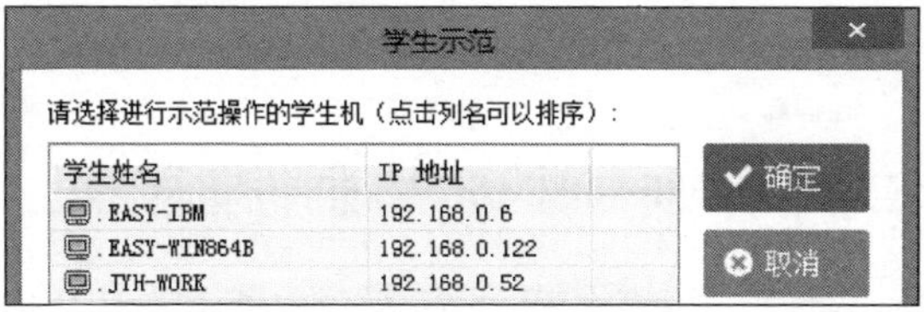

图 5-2 “学生示范”对话框

指定的“学生机”会自动启动“屏幕广播服务”进入“教师机”角色，开始将其屏幕上的示范操作同步广播给其他“学生机”。

启动“学生示范”时，“教师机”会自动打开一个屏幕监视窗口，可以同时看到“学生机”示范的屏幕画面。如果不想监看，可以关闭该窗口。但需注意，在“教师机”上关闭屏幕监视窗口并不会自动停止学生示范的操作。

“学生机”无论是接收来自“教师机”的同步广播，还是接收来自其他“学生机”的示范操作，都可以主动选择“屏幕录制”操作，将接收到的屏幕图像以动画影像的格式存储下来。

五、交谈和多方讨论

语音教学，又一个奉献给广大用户的好工具。在语音教学功能中，支持三种语音服务：语音广播、两人交谈和多方讨论。对于安装好声卡、麦克风和耳机的具有多媒体支持的计算机系统，就可以享受这些服务。凭借“语音教学”功能，可以将计算机教室配置成为一个简易的语音教室，适用于进行外语和多个教室广播等方面的教学。在配置声卡时，一般建议选择具有双工支持的声卡。

语音广播：单工或双工声卡。

两人交谈：需要双工声卡支持。

多方讨论：需要双工声卡支持。

启动语音广播或两人交谈服务后，会在“教师机”和选中的“学生机”上分别打开“网上语音服务”窗口。稍微不同的是“学生机”关闭窗口的命令被禁止，这不允许学生自己关闭语音服务，而只能在“教师机”关闭语音服务的同时自动关闭，如图 5-3 所示。

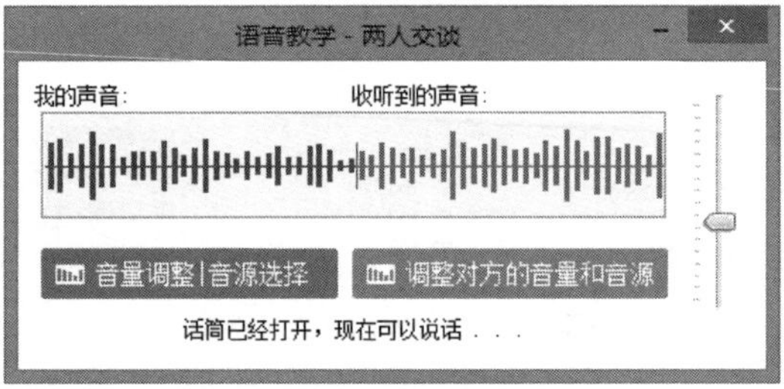

图 5-3　两人交谈窗口

图 5-3 窗口左边显示的是正在录音的波形，也就是自己的声音；而窗口右边则是正在播放的波形，也就是对方的声音。位于窗口右方的音量控制器允许改变播放声音的音量大小。

进入“两人交谈”模式后，双方可以自由的讲话。

对于“多方讨论”服务，操作上会稍微不同，它在“教师机”和“学生机”上打开的“网上语音服务”窗口，相对于其他两种服务，增加了一个“mic”按钮，如图 5-4 所示。

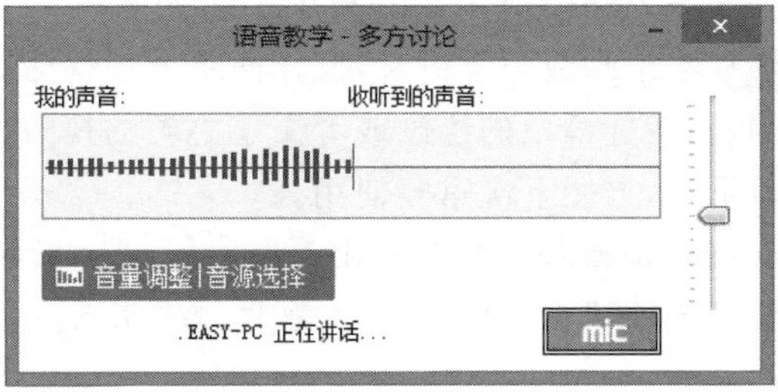

图 5-4　多方讨论窗口

因为存在多方讲话者，所以需要首先拿到“话筒”才能讲话，将声音传送给其他人。当没有人讲话时，可以将鼠标移到“mic”按钮上，按住鼠标左键不放，这时鼠标形状变为一个麦克风形状，表示您拿到了“话筒”，可以开始讲话，等您说完了，只需放开鼠标左键，就可以将“话筒”交到其他人手上。

六、电子教鞭：将教鞭和黑板数字化

电子教鞭，一个非常实用的利器。在电子教鞭模式下，可以直接在屏幕上绘制各种图形标记，书写文字，进行任意的“圈圈点点”，配合“教师演示”和“学生示范”功能一起使用，这些标记都会直观地展示在“学生机”的电脑屏幕上。任何时候，都只需通过“Ctrl＋F1”组合键就可以进入和退出“电子教鞭模式”。

电子教鞭中提供了铅笔、直线、填充、箭头、矩形（框）、椭圆（框）、橡皮擦、文本等绘画或书写工具，也可以改变图形颜色、线条粗细和文本字体等。工具条上的第四个按钮或者按“Esc”键可以清除绘画的所有东西；第三个按钮就可以将该工具条放在屏幕的最上面或最下面，这可以不遮住需要讲述的地方，如图 5-5 所示。

图 5-5　电子教鞭工具栏

第二个按钮则可以在电子教鞭/黑板/白板之间切换。该功能给出了一个取代传统黑板的方案，教师不再需要站起来书写黑板，学生也不再需

要辛苦地抬着头看墙上蚂蚁般大小的粉笔字。如果配上一支手写笔，直接在这块电子黑板上绘画或写下讲义，操作简单方便快捷。

更为突出的是，在屏幕上的绘画或者文字之类的视图，还可以全部以文档的形式保存下来，方便下次重复使用。

电子教鞭支持撤销操作，可以使用"Backspace"键撤销之前的操作，也可以通过参数设置取消支持撤销操作，如图 5-6 所示。

图 5-6　电子教鞭"撤销"操作

七、电子抢答：协助教师及时检验学习效果

电子抢答作为一项非常重要的教学辅助功能，教师可以提出问题让学生进行抢答。抢答的题目既可以是教师的口述题目，也可以是手写题目。电子抢答帮助学生在趣味竞赛中学习，并协助教师及时检验学习效果，发现问题、解决问题。

"教师机"的电子抢答对话框如图 5-7 所示。

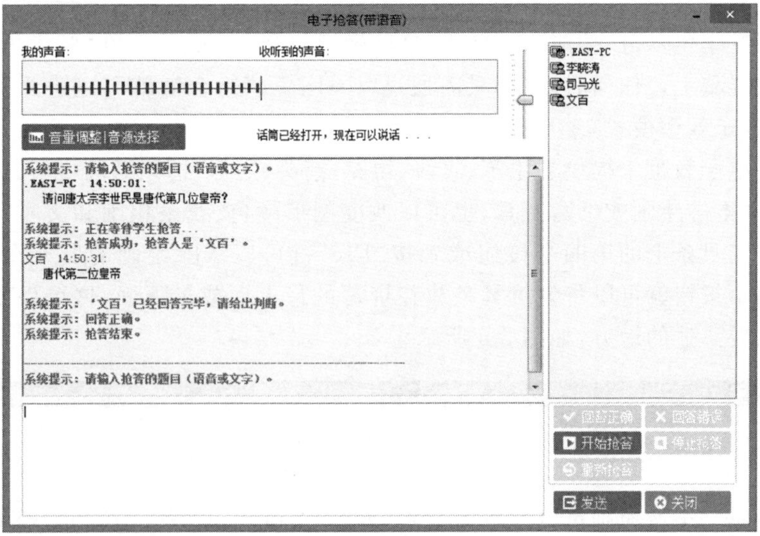

图 5-7　"电子抢答"对话框

八、电子点名:协助教师进行课堂考勤

在辅助工具条上单击电子签名命令按钮,或者从菜单上启动相应的命令,会出现如图 5-8 所示的对话框。

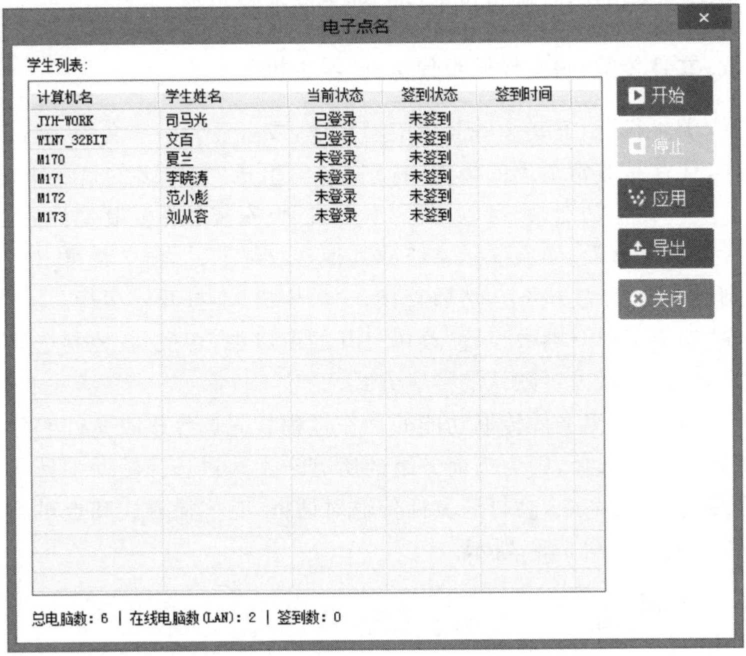

图 5-8 “电子点名”对话框

单击“开始”按钮,则“学生机”上会出现如图 5-9 所示的对话框。

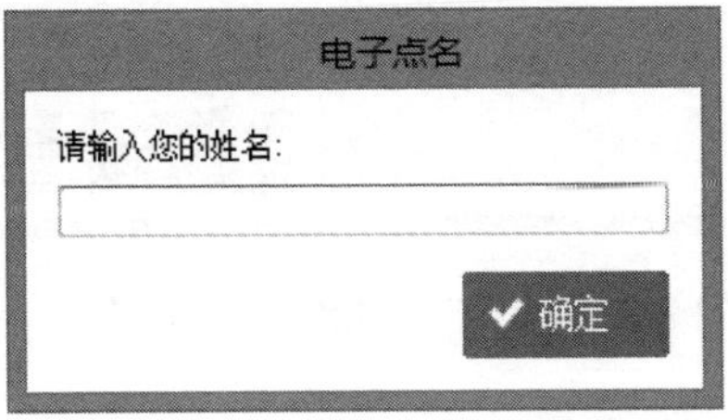

图 5-9 姓名输入对话框

在学生输入姓名后，单击“确定”按钮，则“教师机”的“学生姓名”一栏中将会显示学生自己输入的姓名，“签到状态”一栏中将显示“已签到”，表明该学生已经签到了。

单击“应用”按钮，则当前班级的学生姓名将会变成学生签到的姓名。

单击“导出”按钮，则可以把该签到表格保存起来。

九、文件传输：将文件同步传送到“学生机”

在“学生机”上安装一些简单应用程序，或者复制一些文档、文件之类的工作，往往是非常烦琐的事情，特别是“学生机”数量多的情况下，更是如此。文件传输功能，则可以简化“学生机”上安装软件复制文件的工作。例如一些考试试卷、实验演示系统或其他多媒体课件素材，都可以一次性传送到所有的“学生机”上，然后直接在“学生机”上打开或运行。

在“功能菜单→参数设置”菜单打开的窗口中，切换到“控制选项(2)”属性页，可以自行设置默认的传输方式。

下面具体介绍文件传输功能的操作过程。先选择接收文件的分组和学生(如果没有选择，则为当前分组的所有学生)，再选择辅助工具条上的“文件传输”按钮命令，会打开文件传输对话框，有广播方式和点对点方式两种传输模式如图 5-10 所示。

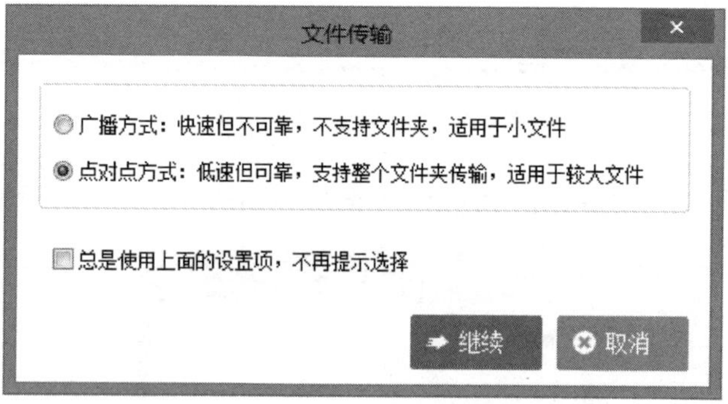

图 5-10 “文件传输”对话框

选择相应的传输模式，单击“继续”按钮命令后会打开相应传输模式下的文件选择窗口。

1. 广播方式，非可靠传输、快速高效但不支持文件夹，如图 5-11 所示。

图 5-11　文件传输选择文件对话框

在对话框中选择要传送到“学生机”上的文件，可以是一个，也可以是多个文件；然后选择“学生机”上保存文件的位置：Windows 桌面、系统临时目录或自定义目录；如果只选择了一个文件，例如考试试卷/多媒体演示系统之类的应用，可以勾选“学生机直接打开或运行该文件”复选框，那么当文件传送结束后，“学生机”上就可以直接打开或运行该文件，做到统一启动的目的；最后，单击“发送”按钮，就可以开始文件传送的任务。

2. 点对点方式，低效但可靠稳定、支持整个文件夹传输

图 5-12 所示，在“接收文件的学生”框中列出了目标学生的相关信息。单击“文件”按钮，可以选择一个或多个需要传送的文件；单击“文件夹”按钮可以选择需要传送的文件夹，包括其子文件夹下的内容；然后选择“学生机”上保存文件的位置；最后，单击“发送”按钮，就可以开始文件传送的任务。

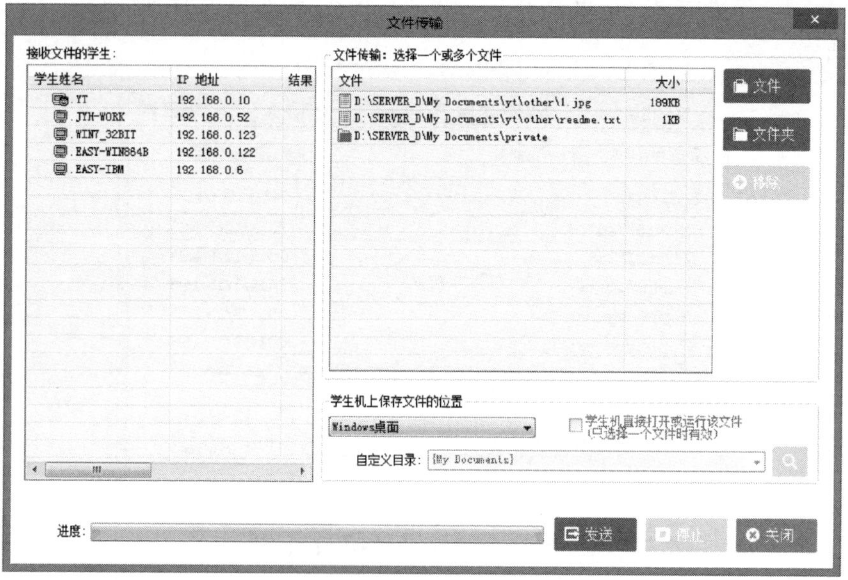

图 5-12　文件发送对话框

这种点对点方式下,采用 TCP 协议将需要传送的文件和文件夹内容逐个传送到“学生机”,所以可以保证传送过程的可靠性。

该方式还不同于广播方式的传输模式,它支持整个文件夹和其子文件夹的传输任务。

传送过程中,会有每个学生传送成功与否的报告,可供了解整个传送任务的完成情况。

针对上面两种传输模式,当传送到“学生机”上“文件接收柜”里的文件不再需要时,软件还提供了统一清空“学生机”上文件接收柜的功能,既便捷了计算机的管理,又保持了“学生机”上文件接收柜的“干净”。

十、提交作业:实现学生作业的网上提交

系统提供的“提交作业”的功能,学生可以向教师提交多个文件作业,结合“教师机”的“文件传输”功能,完全实现了学生和教师的文件交互。

“提交作业”的操作很简单,在“学生机”程序图标菜单“提交作业”选

项，单击它会弹出“提交作业”对话框，如图 5-13 所示，首先添加需要提交的文件，单击“发送”按钮，直到作业发送完毕。这时“教师机”通过“查看提交的作业”，选择日期和计算机名称的文件夹，就可以查看对应学生提交的作业。

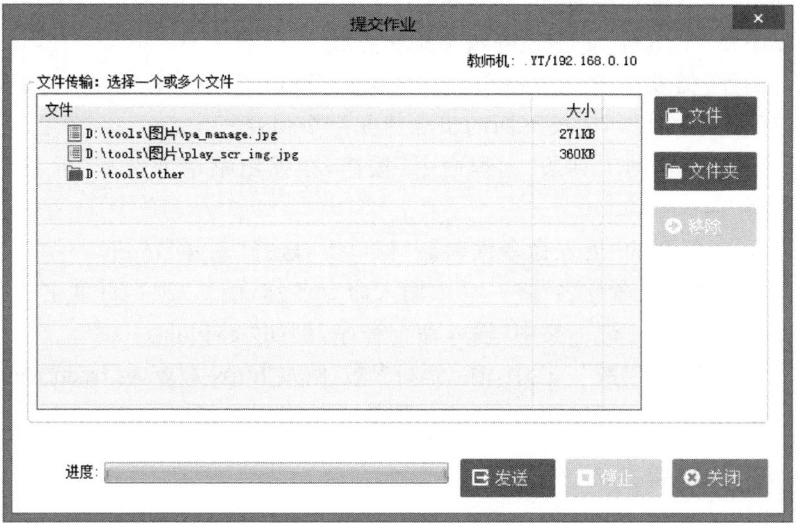

图 5-13 “提交作业”对话框

“提交作业”的权限允许在“教师机”上设置，单击“功能菜单”按钮，在“实用工具”中选择“接收提交的作业”上，如果勾选菜单项“接收提交的作业”，表明允许“学生机”提交作业，否则禁止提交。这样也使得学生不可以随意发文件给教师，以免造成网络拥挤或“教师机”磁盘被占用。

图 5-14 远程命令菜单

十一、远程命令:统一打开学生机上的应用程序

单击工具条上的“远程命令”按钮，就可以打开如图 5-14 所示的菜单命令。

软件系统安装后，默认附带了像“记事本”“写字板”等这些远程命令，只要选取这些命令，就能在“学生机”上打开相应的应用程序。例如，开始讲授“Microsoft Word”的操作时，只要单击相应的菜单命令，指定的“学生机”就可以打开“Microsoft Word”应用。

软件提供的“远程命令编辑器”，可以定制任意的远程命令列表。可以增加、修改和删除各种远程命令，构筑需要的命令列表。需要强调的是，所有执行的命令都是“学生机”上本地的可执行程序，所以需要保证命令程序在“学生机”上本地磁盘中确实存在。

例如：需要创建一个命令，使“学生机”可以启动浏览器，并自动进入对应的网站主页。请按下面的步骤建立一个命令。

1. 选择辅助工具条“远程命令”按钮，在弹出菜单上选择“远程命令编辑器”。

2. 在打开的“远程命令编辑器”窗口上，选择“新建”按钮。

3. 在“远程命令名称”一栏中输入命令名称，例如“浏览百度主页”。

4. 在“命令行”一栏中，输入命令程序，例如“iexplore. exe”。

5. 在“命令参数”一栏中，输入运行参数，例如“https://www. baidu. com”。

6. 单击“关闭”按钮后，新的远程命令就设置好了。

十二、远程开机

⚠ 注意：

远程开机功能是否有效，完全依赖于主板和网卡的硬件设计。

多媒体广播教室的远程开机功能，能够实现几十台甚至上百台电脑同时开关机和重启操作，但是实现远程开机对主板、网卡、电源都是有要求的，下面详细讲述这几方面的具体要求，“学生机”电脑只有符合这些条件才能支持远程开机。

主板：必须支持网络唤醒功能。这可以通过查看主板说明书的描述，或者查看主板 CMOS 的“Power Management Setup”选项中是否有“Wake on LAN”项或“Wake on PCI Card”项。

网卡：必须支持 WOL(给网卡供电)，可以通过查网卡说明书是否支持，这类网卡比一般的网卡多了一个三脚插座，并且通常还附带一条专用的三芯连接线，该线是用来连接主板和网卡之间的三脚插座。

电源：必须安装有符合 ATX 2. 03 标准的 ATX 电源，+5 V Standby 电流至少应在 720 mA 以上。当然目前的电源都会符合这个标准。

CMOS 设置：启动学生机，进入 CMOS 参数设置，选择“Power Management Setup”菜单，将“Wake on LAN”项或“Wake on PCI Card”项设置为“Enable”，启用该计算机的远程唤醒功能。

按要求完成上述工作后，就可以实现远程开机。

第三节　多媒体网络教室软件使用注意事项

一、安装时需要注意的事项

安装之前，要确保网络畅顺。“教师机”和所有“学生机”都必须在同一个局域网网段内、子网掩码要相同、具有稳定可靠的网络性能。同时，“教师机”和所有“学生机”必须都是普通网线连接的，尽量不通过无线网络或光纤连接。

安装过程中，如果防火墙软件或杀毒软件提示存在木马或病毒嫌疑时，首先请确保是从官方网站或官方渠道获取的软件安装包，多媒体网络教室软件，其核心功能就是教师控制“学生机”，其核心技术就是计算机的控制类技术，而这种控制技术也正是木马或病毒要使用的技术，防火墙软件或杀毒软件基于不放过任何可疑文件的原则，通常都会将所有使用这类技术的软件标注为嫌疑。但只要是官方渠道获取的软件包就可以放心使用。

如果安装后，系统托盘区没有出现学生端程序的图标，而在任务管理器里却又可以看到 REDAgent.exe 这个进程的话，可以尝试做如下设置：

运行 regedit 命令进入注册表编辑器，找到键值为 HKEY_LOCAL_MACHINE\SOFTWARE\3000soft\Red Spider，添加“DWORD 值”类型的名称为 IsStartFromRunKey，设置其值为 1，重新启动计算机即可。

如果“学生机”是云桌面/虚拟系统，教师可能希望默认显示学生的登录用户名，而不是显示计算机名，以方便识别登录的学生，请按照如下方法设置。

安装之前，在软件安装包里的 setup.ini 文件中的最后位置，添加下面两行内容：[3000soft]

IsShowUserName4ComputerName=1

然后重新安装“教师机”的软件即可。

二、防火墙软件和杀毒软件的设置问题

系统上安装的防火墙软件和杀毒软件，可能会影响到多媒体网络教室软件的使用。下面通过一些市场上流行的杀毒软件和防火墙软件，讲述其大致上的设置方法。如果使用的防火墙软件和杀毒软件不在下面讲述的品牌之列，又或者是版本不同，可以依照这些设置的基本原理自行完成相关设置。

（一）Windows 防火墙

Windows 防火墙，会拦截多媒体网络教室软件的网络通信功能，所以就需要做相应地设置。这里主要讲述 Windows 10 系统下的设置方法，对于 Windows 8/10/11 等系统，设置方法都是类同的。

多媒体网络教室软件安装时，Windows 防火墙可能会弹出如下的“Windows 安全警报”对话框，如图 5-15 所示。这个时候应该首先选中“专用网络”和“公用网络”两个选项，然后单击“允许访问”按钮。

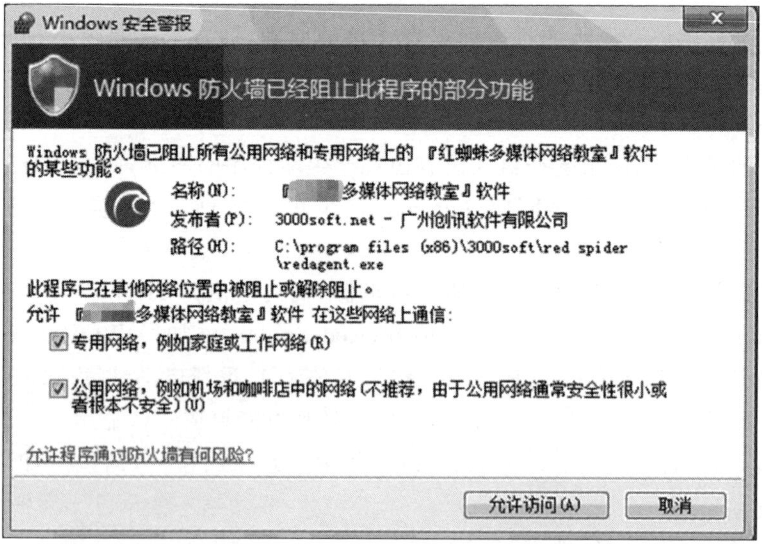

图 5-15 “Windows 安全警报”对话框

在“教师机”上，总共有两个程序需要设置为“允许访问”，它们分别是 REDAgent. exe 和 RSpider. exe；而在“学生机”上，有一个程序需要设置为“允许访问”，它是 REDAgent. exe。这些文件都位于多媒体网络教室软件的安装目录下。

响应设置后，可以在 Windows 防火墙的“允许程序通过 Windows 防火墙通信”窗口上见到如图 5-16 所示的两个(“学生机”上是一个)设置项，其“公用”和“专用”列下已经勾选。

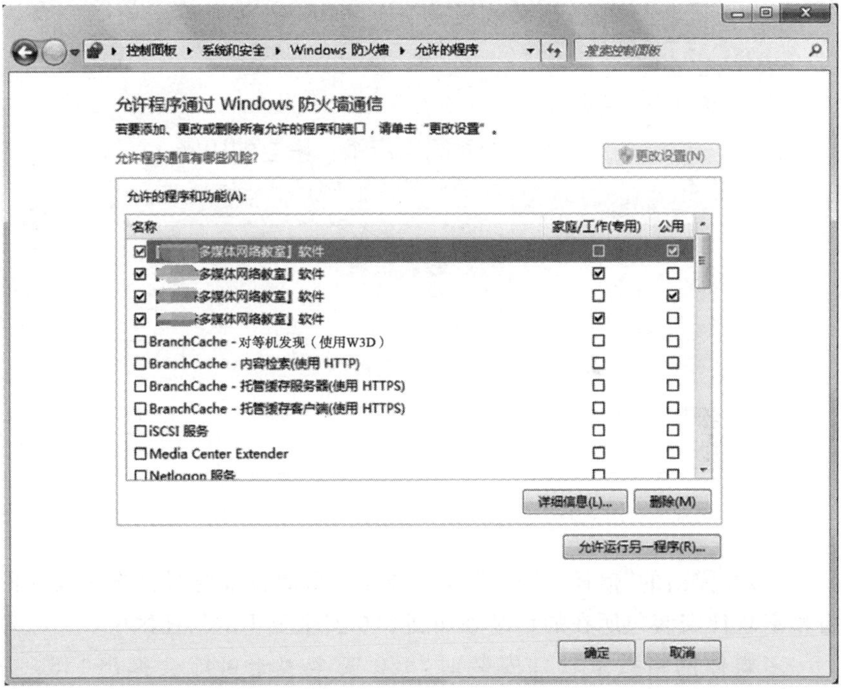

图 5-16 “允许程序通过 Windows 防火墙通信”窗口

不管图 5-15 所示的对话框有没有弹出来让你设置，都应该进入图 5-16 所示的窗口进行验证，保证这两个(学生机上是一个)程序的 exe 文件都已经加入“允许的程序和功能”列表，并且是勾选状态。如果没有这几项，就要单击“允许运行另一程序”按钮正确地把它们添加进去。如果“公用”和“专用”列不是被勾选的，也要相应地变更过来。

(二)360 安全卫士

多媒体网络教室软件安装前，请将软件安装包所在的目录添加到 360 安全卫士的信任区中。具体添加步骤：

(1)打开 360 安全卫士，单击“木马查杀”按钮，单击该页面左下角的“信任区”，如图 5-17 所示。

图 5-17　360 安全卫士信任区添加对话框

(2)在弹出的“信任区”对话框中，单击“添加目录”按钮，将多媒体网络教室软件安装包所在的目录添加到 360 安全卫士的信任区中。

多媒体网络教室软件安装时，360 安全卫士可能会弹出“360 提醒您”提示窗口，这个时候应该选择“暂不处理”“添加信任”“允许程序所有操作”等操作，这些都并非真的是病毒或木马，只是 360 安全卫士针对这类使用了自启动或屏幕监控类技术的软件的一种误报。只要能确保软件是从官方网站或官方渠道获取的软件安装包，而非其他途径获得或购买的盗版软件，就可以不用担心这种木马或病毒误报。

三、屏幕广播性能优化

对于“教师机”分辨率大于 1 600 的显示器，因为屏幕画面数据量巨大，若要流畅地广播视频/动画等内容，在保证网络质量可靠的前提下，请单击“功能菜单”按钮，选择“参数设置”，将“参数设置”中的“网络性能补偿值”调整为 0。

在云系统和虚拟机环境下，因为服务器 CPU 计算能力受限，若要流畅地广播屏幕画面，需要将“教师机”和“学生机”的分辨率设置为相同。

“教师机”安装独立显卡，将会极大地提升屏幕广播的流畅性，尤其是在广播复杂图片/动画/视频/PPT 等场景下。

在对图片/动画/视频/PPT 等画面进行屏幕广播（教师演示）时，应该选择“较好画质”，而不是选择“很好画质”或“完美画质”，因为“较好画质”是专门针对图片/动画/视频/PPT 等画面进行优化的，其画质并不会差。

第六章　云桌面的建设和使用

“安全”与“效率”是信息化核心战略的重要组成部分，为进一步满足特定用户办公需求，在不改变用户使用习惯的前提下，通过“云桌面”程序，可将用户桌面与用户办公数据隔离管理，在享用“云桌面”办公带来的便利的同时，提高了数据的安全。

目前，“云桌面”已经在广域网办公和在线自主学习中得到了广泛应用。“云桌面”的出现，有利于提高培训教师的信息技术能力、培养学员的计算思维、提高信息化的管理效率和优化实验教学环境。

第一节　传统终端面临的挑战

一、办公效率低

首先，如何利用信息化技术提高职工的工作效率，成了大家不断思考的问题。而 PC 机软硬件更新速度快，并且更换时需备份相关数据，逐一安装操作系统和大量办公软件，存在工作量大，职工无法快速投入工作的情况。

同时，一旦 PC 机损坏后，需要信息技术人员现场进行维修，耗时耗力。设备损坏期间，职工无法正常办公。

二、数据易丢失泄露

随着 5G 网络的快速发展，人们日常办公对计算机终端的依赖性越来越高。国际大形势下，境外势力对国内数据的窃取越来越频繁，手法也越来越隐蔽，终端数据的安全也变得越来越重要。

数据存放在 PC 机硬盘上，难以有效管控，不法分子非常容易将设计图纸、源代码等核心数据通过网络、USB 拷贝等方式泄密出去。同时，职工很少对重要数据实行异地备份，即使备份也难以做到数据的实时备份，一旦硬盘损坏，数据很难找回，通过数据恢复的方式，不仅成本高，周期长，也存在泄密的风险。职工辛苦整理的资料，因硬盘损坏需要重新整理甚至编写。

三、运营成本高

传统 PC 上的软件升级等运维工作，必须每台 PC 机逐一下载补丁并安装。大量低效的运维工作耗费了大量的人力，维护成本持续升高；由于 PC 机有主板、内存、硬盘等各种零部件，故障率较高，导致每年产生大量的硬件维保费用。这些方面都导致运营成本高昂。

第二节　新一代终端建设思路

那么，面对传统 PC 机存在的这些问题，有没有好的终端建设思路，能够有效解决这些问题呢？答案当然是肯定的。

一、新一代终端建设目标

首先，明确终端建设的目标，包括三点：

第一，简化运维，能够快速完成平台搭建和用户管理，并且能够简化系统安装和应用程序的管理、减少现场维护次数，提高运维效率。

第二，需要保证数据的安全，不仅数据不能丢失，还不能泄露。

第三，要能够有效降低运营成本。不仅包括降低运维管理成本，还包括硬件维护成本。

二、PC 机堆砌各种软件所面临的问题

一台 PC 机安装各种软件，时间久了，会产生各种问题，比如用户使用体验不好、影响效率；安全软件性能占用高；多种软件叠加、PC 机负载高；各种软件管理复杂；难以彻底隔离网络外发及入侵等问题。

为了解决诸多问题，传统 PC 机也采用堆砌多种不同类型的软件，以期减少上述问题的发生，但实际效果欠佳，除了严重影响办公效率，使维修管理变得更复杂，损耗大量 PC 机性能外，并没有根本解决这些问题。

三、桌面上云，根本解决终端问题

为了解决上述问题，就诞生了云桌面产品，它是一种替代 PC 机的理想方案，通过将桌面上云，可以将原来绑定在 PC 机上的桌面、应用软件和数据全部迁移到数据中心（云上），如图 6-1 所示。

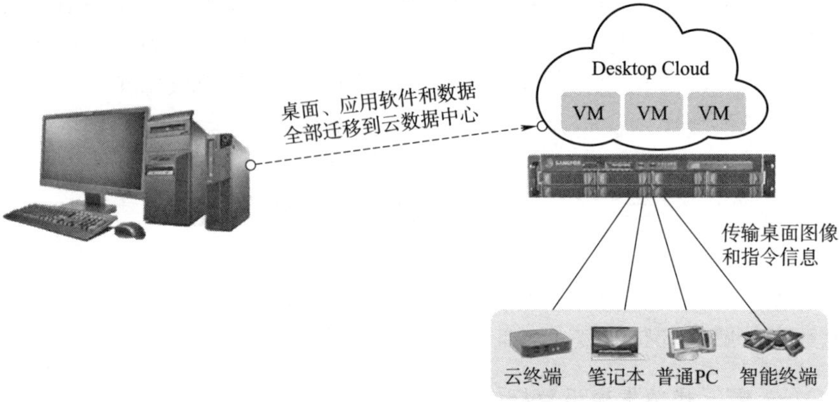

图 6-1　传统桌面、应用软件和数据迁移到云数据中心

然后通过虚拟交付协议将操作系统界面以图像的方式传送给前端的接入设备，包括云终端、笔记本、普通 PC、智能终端等，这种桌面资源集中化的部署方式，以及软硬件解耦的架构，就可以有效解决办公效率低、数据易泄露、运维成本高的问题。

四、桌面上云，提高业务效率

首先，云桌面可以创建虚拟机镜像模板，批量克隆桌面，并且支持批量升级，极大地减少了低效运维工作。

同时，也可以利用统一管理平台对桌面和其他软硬件资源进行实时可视化监控，并支持远程运维，快速解决软件问题，即使硬件出现问题，职工亦可在任意终端上登录，不影响正常办公，信息化管理员只需要花几分钟即可更换终端。

由此可见，云桌面极大提高了管理效率，降低了因为终端问题而导致的职工工作效率低下的问题，示意图如图 6-2 所示。

图 6-2 云桌面提高业务效率示意图

五、桌面上云，保障数据安全

云桌面可保障数据的安全性，无论是防止重要数据的丢失还是泄露。云桌面终端只接收图像，无真实数据，数据都被保存在数据中心，并通过禁用各类 USB 设备、文档导出审计等策略，从根本上降低数据泄露的风险，云桌面保障数据安全示意图如图 6-3 所示。

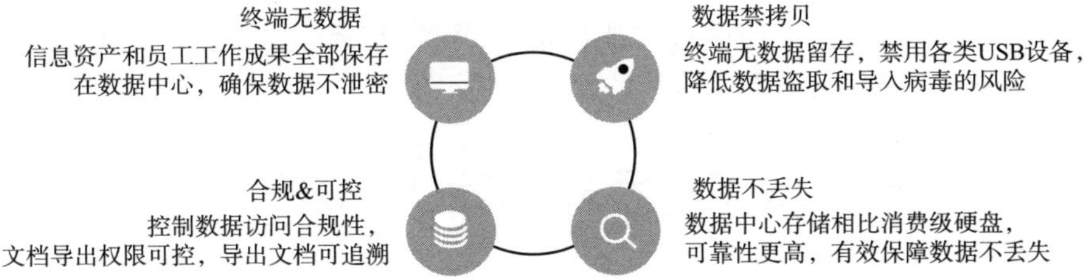

图 6-3 云桌面保障数据安全示意图

数据统一存储在数据中心，便于安装专业高效的防火墙软件并配合相应的防护策略、数据实时自动备份功能，极大提高了数据的安全性，数据中心提供的磁盘阵列功能，即使硬盘损坏，数据也能及时恢复，不会造成丢失。

六、桌面上云，降低运营成本

在能耗对比方面，云桌面相对于传统 PC 机，拥有更大的优势，云桌面降低运营成本示意图如图 6-4 所示。首先，按“职工每年工作 250 天，每天工作 8 小时”来算。普通 PC 机的能耗约为 200 W,按每度电 0.8 元来算,很容易就得出 5 年 500 台 PC 机的最终能耗成本为 80 万,也就是一台 1 600 元。

图 6-4　云桌面降低运营成本示意图

而云桌面包括服务器和瘦终端两部分硬件,瘦终端也是同样的算法,只是它的能耗非常低,只有 10 W,是 PC 机的 1/20,所以只需要 4 万。而数据中心设备约为 12 台,每台平均 500 W,按 5 年不关机来计算,成本为 21 万元。所以,云桌面的最终能耗成本为 25 万元,也就是一台 500 元,仅为 PC 机能耗成本的 1/3。

第三节　云桌面建设方案介绍

一、部署方式

广域网部署:云桌面资源池可部署于网络运营商内部,通过互联网专线的方式向最终客户提供云桌面服务。

客户本地部署:云桌面资源池部署于客户本地数据中心,通过客户内部网络或者专线向职工提供云桌面服务。

云桌面部署方式示意图如图 6-5 所示。

二、基于超融合构建云桌面资源池

云桌面能够有这么高的可靠性,主要是它不同于普通消费级的 PC 机硬件,采用数据中心的高性能低功耗硬件,包括服务器、存储、网络设备

图 6-5　云桌面部署方式示意图

等均采用企业级硬件,使设备的可靠性大幅提升。

在软件层面,云桌面采用了超融合架构,其分布式的特性可有效降低硬件故障所导致的业务中断和数据丢失风险,并可实现开箱即用,免去了大量安装部署工作。将来资源不足时,只需要增加服务器即可实现底层资源的线性扩容,扩容全程业务无感知。

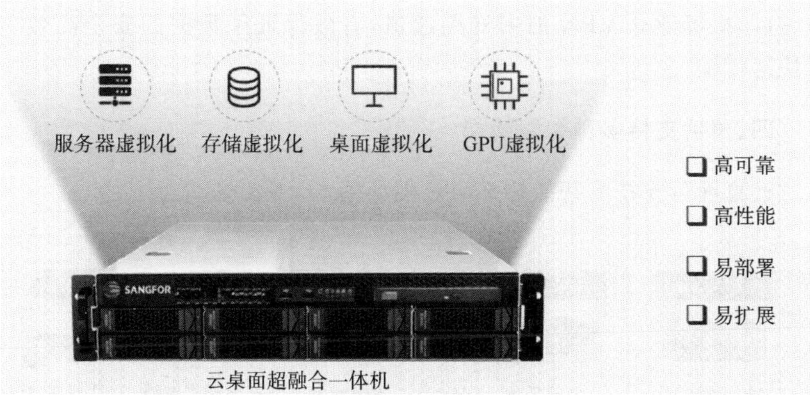

图 6-6　云桌面超融合技术示意图

云桌面超融合技术示意图如图 6-6 所示。

三、安全高效的桌面传输协议

云桌面传输协议示意图如图 6-7 所示。

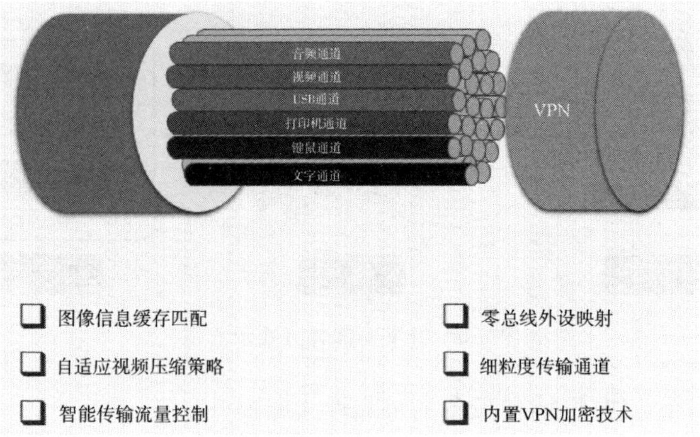

图 6-7　云桌面传输协议示意图

云桌面与数据中心通过 VPN 的方式连接，并且通过安全高效的桌面传输协议，实现数据的快速安全传输。比如图像信息缓存匹配策略，以高缓存的形式，尽最大可能实现高清图像的实时传输。并且，为音频、视频、打印机等建立 VPN 加密专用通道，有效保证了数据的安全高效、实时快速传输。

四、灵活支持多种智能终端

云桌面可支持的智能终端示意图如图 6-8 所示。

图 6-8　云桌面可支持的智能终端示意图

云桌面，不仅支持台式电脑、笔记本电脑和手机/平板移动办公，还支持 ARM 和 X86 瘦终端。既实现了终端的集中管理，低功耗和绿色节能，还便于构建无边界移动安全的办公环境。并且，可利用现有的旧 PC 机，避免资源的浪费，保护现有资产。

第四节　云桌面产品的价值优势

一、外设兼容性好

在云桌面架构下，外设通过专用的外设通道从云桌面终端 USB 口连接到虚拟机，才能正常使用。因此，外设通道的稳定性、兼容性就变得非常重要。传统云桌面构建通道主要基于虚拟机来完成，整个调用依赖于虚拟机的操作系统。一旦虚拟机操作系统环境发生变化，如软件的安装卸载、配置变更等，都有可能导致外设对接出现稳定性与兼容性问题。

为了彻底解决这类问题，目前的云桌面基于软硬件深度融合，实现创新的零总线外设映射通道技术。从虚拟化底层直接创建外设通道，进行外设映射和优化，不依赖于虚拟机操作系统，以此保持与 PC 一样的总线通道。这样上层虚拟机的任何变动都不会影响外设的正常使用，稳定性、兼容性得到双重保障。

(一)广泛的外设兼容性覆盖

云桌面针对用户不同场景不同外设均能达到完美兼容体验，如 U 盘、银行 Key、USB 光驱、高拍仪、摄像头、扫描仪、指纹仪、身份证读卡器、手写屏等等，已完成兼容性测试和认证的外设超过 1 000 款，大大提高了用户体验。

(二)性能优化，提升外设使用效率

除了广泛的外设兼容性覆盖，云桌面通过对外设的底层工作流程进行专属优化，提升相应外设的性能，达到高效使用，提升用户的工作效率。

(三)即插即用，简单便捷

云桌面通过零总线外设映射通道技术与协议优化，达到跟物理 PC 一样的外设响应与交付效果，做到了外部设备免配置即插即用。既提升与业务软件的兼容性，又减少花屏、黑屏问题。

（四）灵活的外设管控

传统 PC 要实现对存储类外设的安全管控，如 U 盘、移动硬盘等，大多需要借助第三方软件来实现。云可直接对该类外设下发安全策略，轻松实现对不同用户不同外设接入的精细化权限管控，保障桌面系统与数据的安全。

二、一机在手，随时随地云办公

云桌面实现了用户一机在手，随时随地开启云办公的模式。用户除了可以在 PC 机处理工作外，还可以通过瘦终端、手机等多种终端登录，并像使用普通电脑一样使用移动云桌面。

不管人在哪里，都能随时随地使用移动云桌面办公，不再受时间、地点限制。这对于那些经常出差或工作地点不固定的员工来说非常便捷，可以大幅提升工作效率。

同时，云桌面广泛支持多种虚拟操作系统，比如 Linux、Windows、Android、HarmonyOS 等操作系统，用户可以根据自己的喜好和使用习惯，自主选择自己喜欢的操作系统。

三、双网隔离，集中储存更安全

云桌面采用内网、外网双网隔离，通过虚拟防护和行为管控等方式，确保数据集中存储更为安全，如图 6-9 所示。

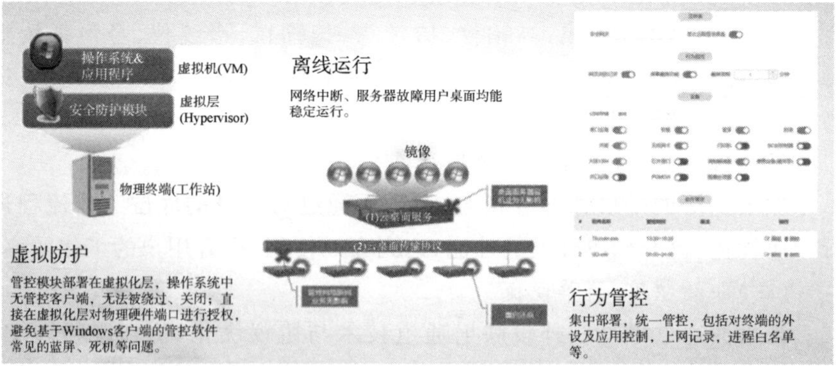

图 6-9　云桌面双网隔离示意图

同时，云桌面还拥有个人区云盘和共享区云盘两种模式。个人区云盘是用来储存个人文件，可以设置访问权限，禁止无授权人员的访问；共享区云盘则可以用于企业内部的文件共享，内部协作更加便捷。

这种内网、外网的双网隔离，既可以将数据存储在云端，又可以有效管控员工访问外设的权限，进一步提升企业数据的安全性。

不仅如此，云桌面支持客户端在断电、断网、服务器宕机等异常情况下，用户数据不会丢失和破坏。管控系统中存储的数据采用多级备份机制，可以将全数据以及增量数据按照计划任务进行备份，保证任何情况下用户数据不会丢失。

在用户安全方面，终端集群支持多种身份认证方式。

（一）用户名加密码认证

通过用户名和密码认证用户身份。

（二）AD 认证

基于 LDAP 标准协议，通过 Active Directory 和 Windows 身份认证结合来认证用户身份。

（三）使用 USB KEY 进行认证

用户登录安全工作桌面时需要插入专用 USB KEY 进行认证。

另外，可以支持集成任何现有第三方认证系统。

四、全面提升运维效率

（一）桌面快速上线

基于超融合的软硬件一体化交付方式，配合业界领先的虚拟机克隆技术，可实现数分钟内发布 100 个桌面。

（二）软件批量运维

独有的软件分发技术，数秒钟即可完成软件和驱动的部署、更新，极大提高了应用维护效率。

（三）资源统一管理

可对所有硬件、桌面、系统及软件等资源进行统一资源管理，并支持数据导出，桌面资产一目了然。

（四）远程快速排障

一键深度检测，全面识别业务潜在风险，快速定位故障原因，并提供详细解决方案，远程排障。

(五)资源随需扩容

支持资源预测，提前发现性能瓶颈，堆叠服务器，即可实现资源的线性扩展，扩容过程业务无感知。

(六)资源快速释放

快速回收离职员工资源，自动关闭闲置桌面，可快速识别僵尸虚拟机，精准释放桌面资源。

五、业务故障快速恢复

(一)桌面资源全面管控

可对计算、存储、网络及虚拟机等资源进行全方位统一监控和实时告警，提前识别故障风险。

(二)系统故障自助恢复

系统故障、中毒或者重要数据丢失，无须信息化管理员介入，可自行利用快照恢复系统。

(三)软件故障远程协助

软件故障及日常桌面问题，可一键申请远程协助，信息化管理员可快速通过远程操作虚拟桌面完成排障工作。

第五节　云桌面产品应用举例

在这里，以中国移动云桌面为例，给大家简单讲解一下如何登录和使用云桌面，具体操作如下：

一、登录桌面设置

(一)登录界面

选择“云桌面”的一款产品，如图 6-10 所示。

在这里，单击左侧的“免费试用”，即出现图 6-11 所示的账户登录界面。

可以使用手机号和短信验证码登录，也可以使用微信、支付宝、账号/密码等方式登录。首次使用，出现“注册成功”界面，如图 6-12 所示。

图 6-10　云桌面产品选择界面

图 6-11　云桌面账户登录界面

（二）实名认证

为了体验丰富的移动云产品，需要进行“实名认证”。在账户中心，单击“个人认证”，如图 6-13 所示。

图 6-12 “注册成功”界面

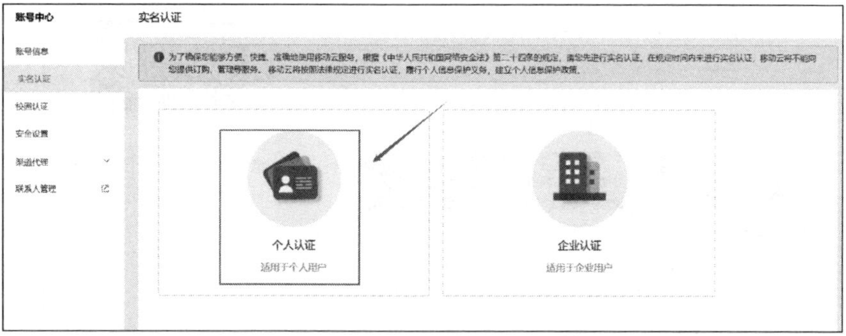

图 6-13 “个人认证”界面

在出现的界面中，可以选择个人认证方式，如图 6-14 所示。

可以选择“手机号码认证”和“人脸识别认证”两种方式，若选择“手机号码认证”，输入姓名、身份证号、手机号等信息即可完成“实名认证”，“个人认证通过”如图 6-15 所示。

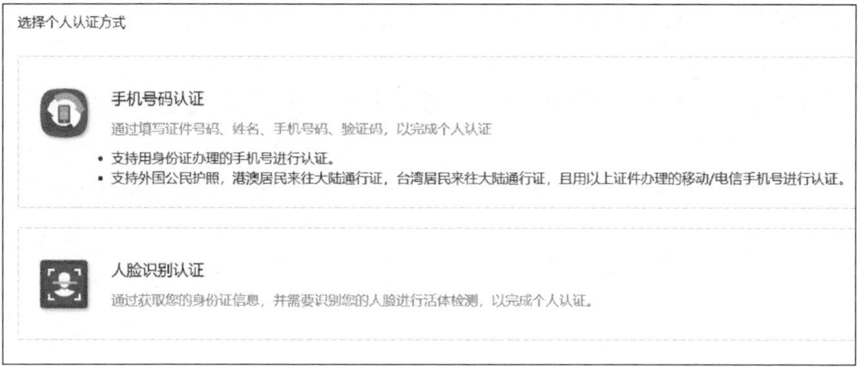

图 6-14　选择个人认证界面

图 6-15　“个人认证通过”界面

（三）账户中心

在“账号中心”界面，可以查看“账户信息”，并可以修改头像、修改手机号码等，如图 6-16 所示。

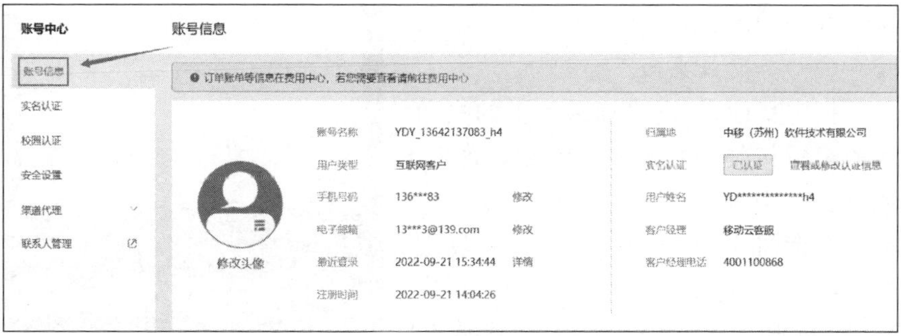

图 6-16　“账号信息”界面

同时，在“账号中心”的“安全设置”界面，可以对登录密码、登录掩码、登录保持时间、第三方账号绑定等安全信息进行基础设置，还可以进行“账号保护”，比如登录保护、操作保护、异地保护、密保问题等进行设置，如图 6-17 所示。

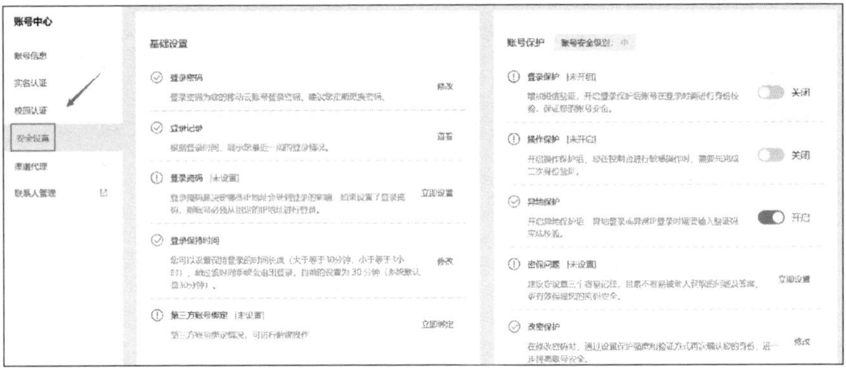

图 6-17 “账号中心”的“安全设置”界面

二、连接云桌面

云桌面分为普通版、GPU 版和旗舰版三种，操作方式基本相同。下面以普通版为例，讲解云桌面的连接。

用户登录后会进入桌面列表页面，当前用户下的所有桌面以卡片形式展示，如图 6-18 所示。

（一）普通版桌面

指定桌面，单击桌面卡片上的桌面名的编辑按钮，可以编辑修改桌面名，如图 6-19 所示。

勾选图 6-19 中的“自动连接”复选框，可将该桌面设置为默认桌面。下次登录时，用户将自动连接到默认桌面中。

图 6-18 云桌面的连接

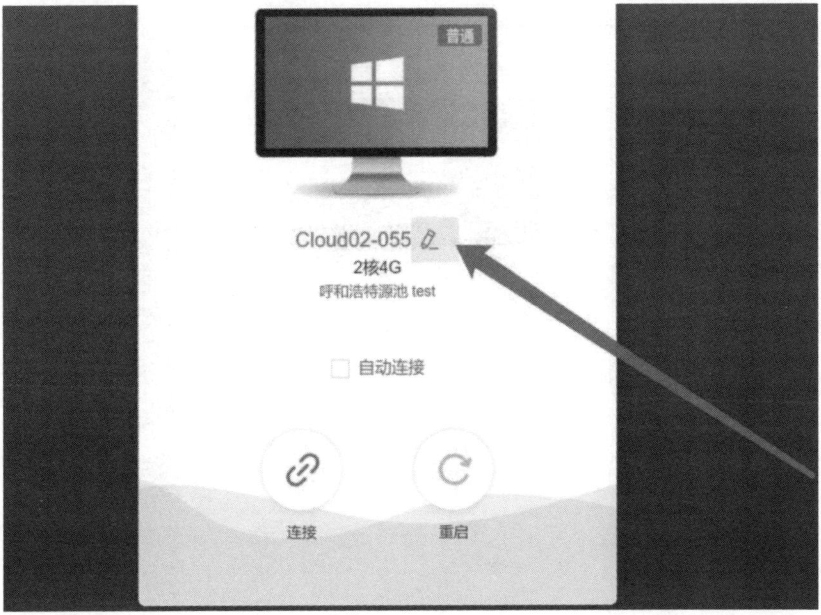

图 6-19　修改云桌面名称

（二）桌面操作

指定桌面，单击桌面卡片上的按钮，可修改桌面窗口展示方式，如图 6-20 所示。

底部从左到右的次序依次为“连接”“重启”。桌面状态为关机的时候，只会显示“连接”按钮，单击“连接”按钮，会连接并进入桌面，如图 6-21 所示。

三、工单管理

若用户在登录或者使用过程中遇到问题，通过提交工单方式寻求帮助。在已登录界面，单击右上角的“工单”按钮，进入到工单系统界面，如图 6-22 所示。在“我的工单”中，可以查看“待确认”“处理中”的工单，也可以通过“新建工单”的方式进行问题的提交，工单信息即可同步至云桌面管理平台进行处理。

图 6-20　修改桌面窗口显示方式

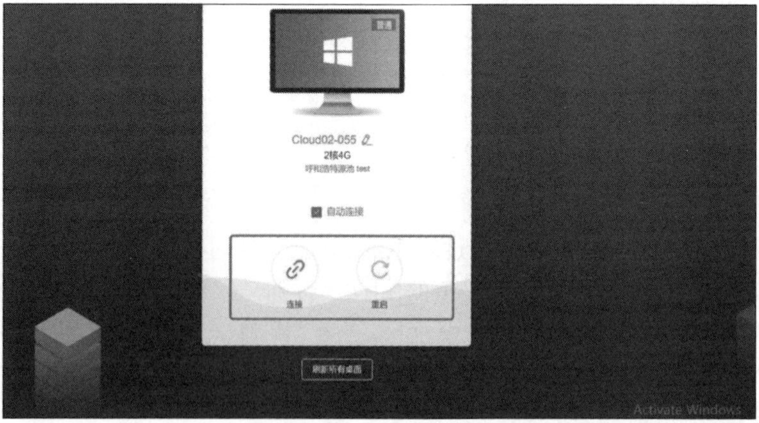

图 6-21　云桌面连接进入截图

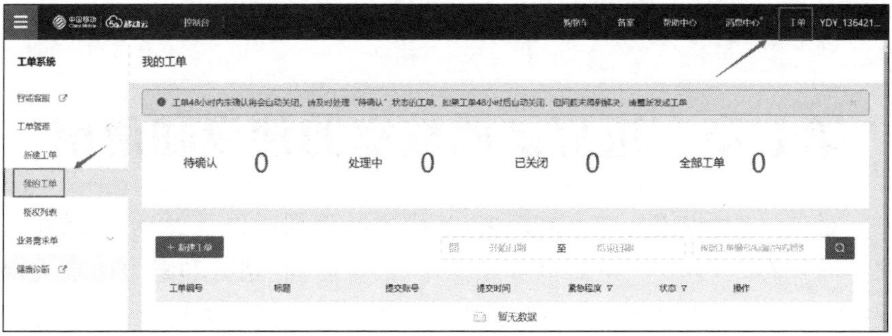

图 6-22 “工单管理”界面

四、注销

在已登录界面，鼠标悬浮至右上角的用户名处，单击“注销”按钮，即可退出当前用户登录，返回至登录页面；若当前桌面正处于连接状态，则注销后桌面连接也会断开。

第七章　远程录播教室的建设和使用

目前，针对集团公司人数众多，各段之间培训工作量大，培训课程无法实时保存，且存在大量简单重复工作，浪费时间、精力和财力的现实情况，可以建设远程录播教室，既能保存培训过程中的优秀课程视频，还能将录制好的视频上传到资源管理平台进行长期保存，为后续相关培训提供宝贵资源。

第一节　远程录播教室的实现效果

一、简易化应用录播，常态化建设教学资源

建设完成的远程录播教室，培训教师能“一键式”开启课堂录制，高清拍摄、专业音质采集与处理，能全自动跟踪教师的授课过程而不影响正常的培训教学，实现授课过程的场景化记录。同时，能实现录播应用的常态化机制，方便快速建设视频资源。最后，录制的教学视频还可以通过U盘快速拷贝，或设置自动上传到应用云平台，为教学资源建设、评课活动等多种应用提供基础硬件支撑。

二、资源共建共享

远程录播教室通过资源管理平台能够实现对下辖所有优质教学视频资源的汇聚，通过对Windows、Android、IOS三大平台，PC、手机、平板电脑三大终端的打通，构建基于互联网的优质教学资源共建共享模式，进一步为资源均衡起到促进作用。

三、开展新型互动会议模式

通过远程录播教室的互动功能，能够灵活开展各种形式的会议。比如：利用专家资源，开展互动会议，同步课堂活动，解决不同部门之间资源

不均衡带来的困扰。各部门之间亦可通过此模式，发挥自身优势，通过互动分享本部门和本专业特色，实现多部门互助互学，提升协同合作能力和业务能力。

四、智能管控运筹帷幄

远程录播教室通过融合资源管理、结合云录播平台支撑，实现对录播教室的可视化集中管理和统一控制。远程录播教室包括资源管理、内容管理、指挥调度，为信息化培训提供安全、智能、便捷和高效的管理支撑平台。如图 7-1 所示。

图 7-1　远程录播教室实时监控画面

第二节　远程录播教室建设的方案设计

一、机位的选择

远程录播教室有四机位、五机位、六机位甚至八机位。虽然电子产品更新换代的速度很快，但并不是系统配置越高，性能越好，使用的效果就更好，还需要结合其他配置和自身需求来通盘考虑。

在远程录播教室系统中，五机位和四机位都是目前常见的机位标准，二者之间很难单纯地用“好”与“不好”来进行评判、比较，更多的取决因素在于单位的培训需求和使用体验。机位示意图如图 7-2 所示。

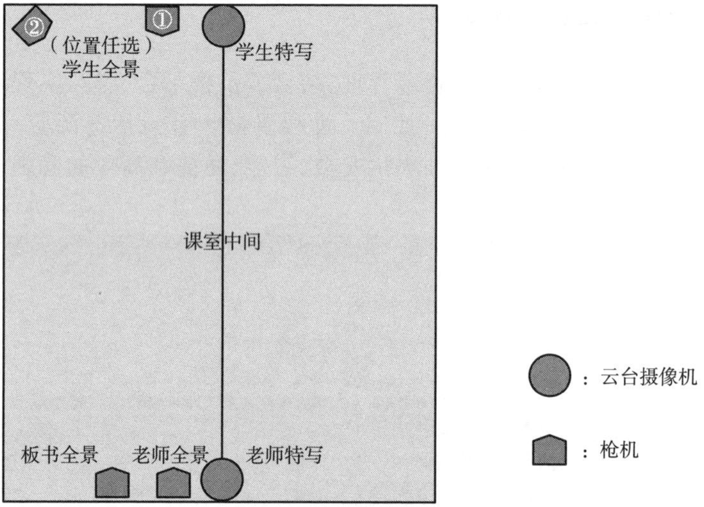

图 7-2　机位示意图

云台摄像机一般拍摄特写，枪机一般拍摄全景。五机位和四机位优缺点比较如下：

五机位画面切换比四机位频繁。由于五机位包含板书跟踪，当老师站在黑板前进行板书时，录播系统会先拍摄老师的特写画面，然后“唰”地一下就切换到板书特写，速度非常快。同样的时间内，五机位的镜头切换速度比四机位要快很多。跟看电影一样的道理，频繁的画面切换容易造成观众的晕眩感。从这点上来说，四机位的镜头切换速度比五机位要合理得多。

同时，机位数量越多，出错的概率也越高。教师在讲课的时候都有不同的教学情绪和教学思路，当其中一台设备出现故障，整个课程都要重头再录。当然，机位数量越多，维护的成本也会随之高涨。

最后，四机位镜头切换平稳。因为四机位的教师特写摄像机在拍摄教师特写画面的同时，能清晰捕捉到板书内容，因而无须多加 1 路摄像机来跟踪拍摄板书。同时，当教师在讲台走动时，录播系统会自动过渡特写切换产生的晃动或者模糊画面，保证画面切换平稳，给予观众最合适的观看体验。

目前有不少录播企业推出了更多机位的录播系统，以适应更加灵活的教学模式。比如六机位精品录播教室建设方案，主要是适应以学员为中心的创客教学等新型教学模式，方案的优劣主要还需要市场来检验。

二、整体设计

录播教室主要由中控主机、音频系统、视频系统、管理软件等软硬件构成。如图 7-3 所示。

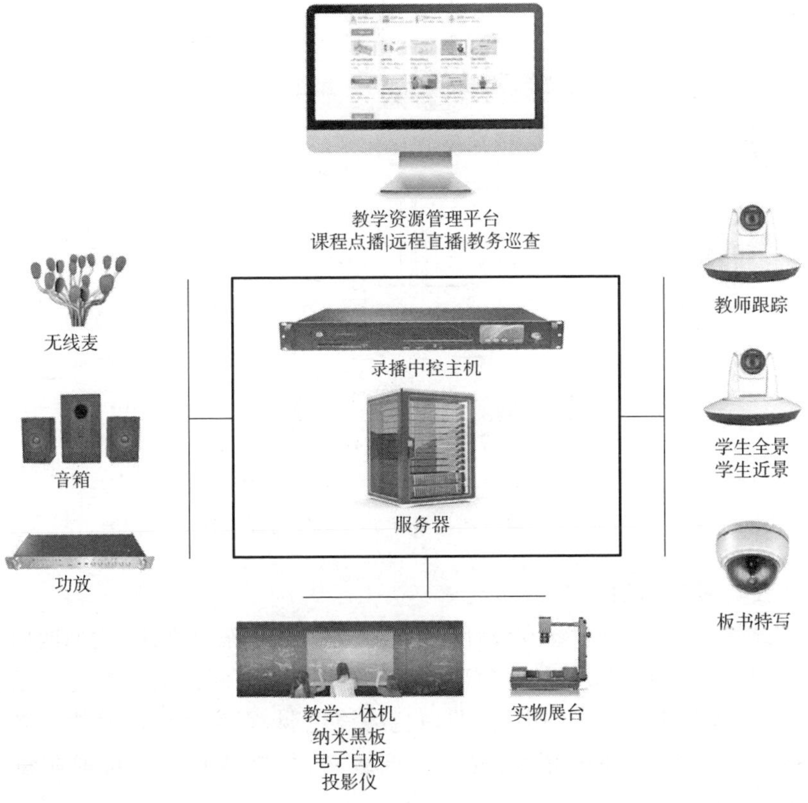

图 7-3　录播教室整体结构图

其中，四机位精品录播教室的整体布局设计图如图 7-4 所示。

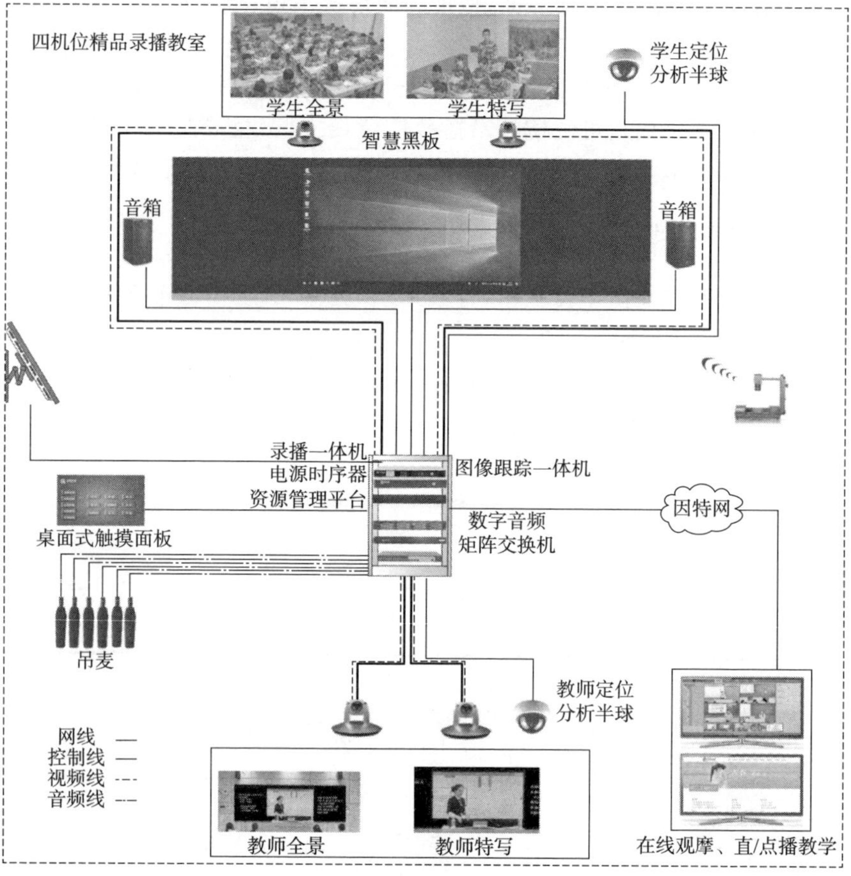

图 7-4　四机位精品录播教室整体布局设计图

设计效果图如图 7-5 所示。

此外，远程录播教室在设计时还要考虑灯光和隔音要求，比如四周墙壁使用高性能吸音板，隔墙内部应填充隔音棉。房间内的装饰应尽量简单，墙壁颜色应尽量选用中性，非白色的浅色调，因为浅色墙壁的反光会有效提高人物面部的亮度，提高灰度级别，最终达到提高摄像质量的目标。

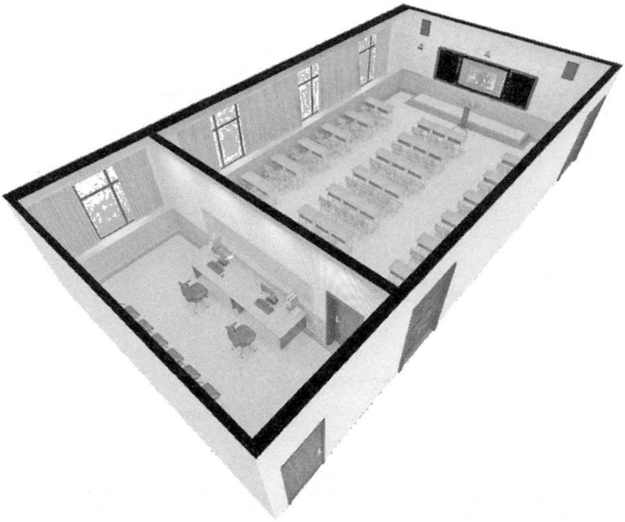

图 7-5　四机位精品录播教室设计效果图

三、远程录播教室系统详细设计

（一）系统介绍

远程录播教室简单、易用、方便、快捷，能解决大批量培训课程的录制工作，便于迅速建立培训资源库。传统肩扛手推的视频拍摄方式需耗费大量人力和时间，更妨碍了正常培训。现在，运用远程录播教室，在课堂常态化培训的同时就可以完成课堂的全过程实况拍摄，采用全自动跟踪拍摄录制技术，按照授课逻辑自动完成对教师行为、学员行为、讲义电脑画面的分析与跟踪，真实记录、拍摄整个教学过程，做出媲美专业摄像师的精品教学视频，给视频观看者置身真实授课现场的完美体验。

高清智能录播一体机采用嵌入式架构设计，支持本地 1080 P 高清摄像机信号和电脑课件信号的同步采集。

（二）架构设计

远程录播教室主要由智慧黑板、录播主机、图像跟踪主机、跟踪定位半球，高清云台摄像机、数字音频处理器、吊麦、资源管理平台等组成，如图 7-6 所示。

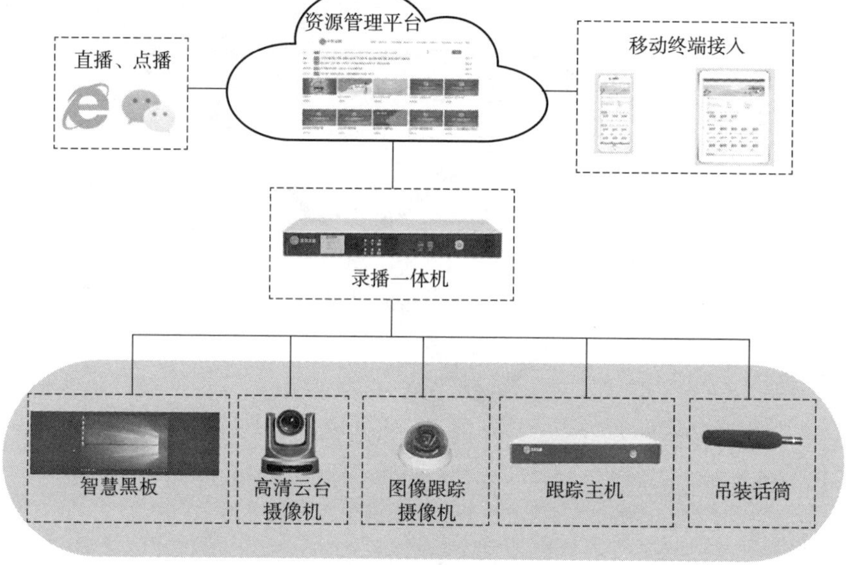

图 7-6　录播教室的架构设计

远程录播教室以精装修教室为依托，通过先进的导录播技术、音视频处理技术以及图像识别技术的完美整合，将多媒体课件、现场多路场景音视频信号实时采集压缩，以标准的流媒体方式保存，并通过视频资源应用中心，使整个视频资源得以共建共享，扩大授教范围，让更多的学员接受优秀教师的"面授"教育。

四、远程录播教室主要设备介绍

（一）视频采集系统

通过配置的高清云台摄像机，用于教师特写、教师全景、学员特写、学员全景的高清视频信号的采集，通过高清视频线传输至 4K 录播一体机中，进行高清视频采集、图像合成和编码。

视频编码采用目前国际上领先的 H.264 高清编码方式，将拍摄的教师画面与学员画面，接入教师电脑信号，经导播控制平台进行自动/手动录制，录制画质达到高清 1080 P。

(二)音频采集处理系统

录播教室通过天花板吊装强指向性话筒进行教师及学员的声音采集。音频采用AAC编码方式,经过专业音频处理器进行去噪、混音、回声消除等处理,保存在录播主机中,供后期再次编辑或上传到平台进行点播。

(三)全自动跟踪系统

采用录播跟踪一体化嵌入式设计,录播主机内置图像定位、跟踪分析功能,与图像跟踪一体机及定位摄像机配合,分别对教师、学员进行智能图像分析,并自动完成跟踪切换,最终实现课堂教学的全自动画面跟踪拍摄录制,真实完整还原教师讲解、学员听课、提问等各个环节的授课情况。如图7-7所示。

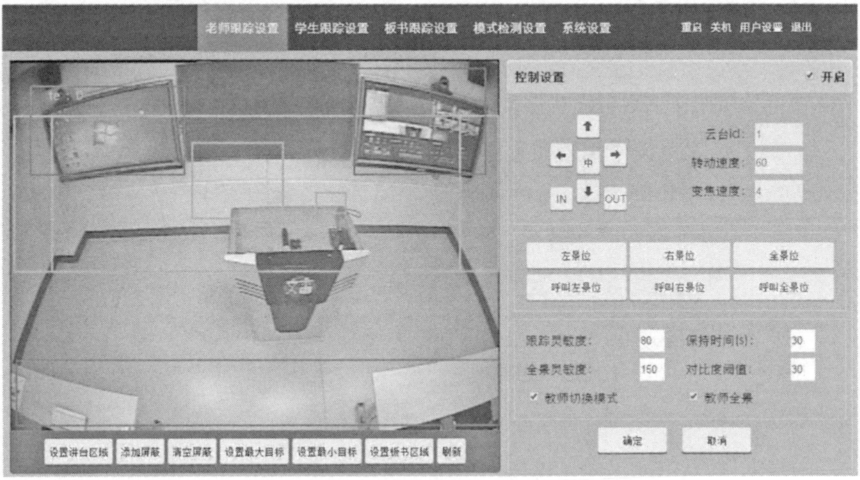

图7-7　全自动跟踪示意图

避免了传统录制系统需要人为对教师进行专业摄像的要求,将人力资源解放出来。上课时只需按照常规上课模式进行正常教学活动即可,教师及学员无须佩戴任何定位跟踪设备,抗干扰性强。

(四)导播系统

为方便导播人员进行管理控制,录播主机内嵌导播管理系统,提供满足课程录制功能的导播操作平台。远程录播教室支持两种导播模式：本地导播模式和 PC 机远程网页导播模式。

导播平台具有完善的录课导播功能，包括教师/学员画面、教师电脑信号等场景切换，添加 LOGO 和字幕，切换特效、音量调节，云台摄像机焦距调节、多画面显示布局等功能。同时，支持手动导播过程中远程添加字幕，如图 7-8 所示。

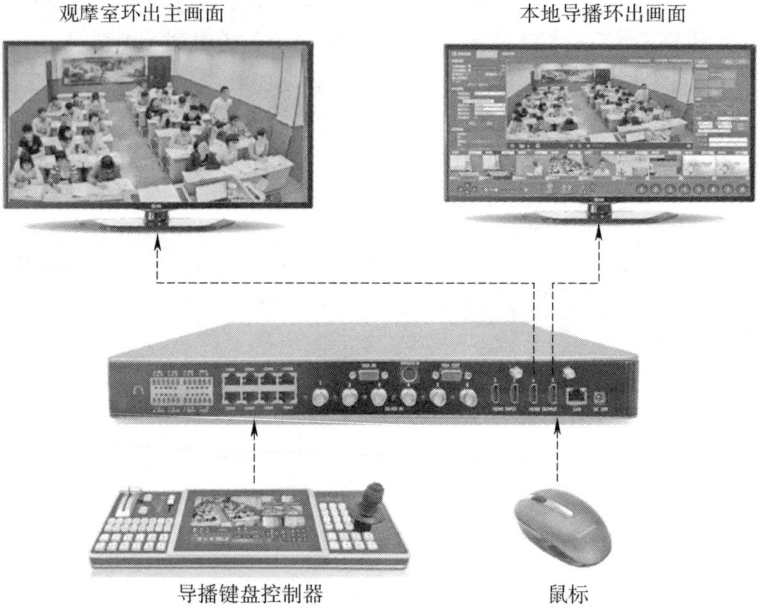

图 7-8 导播管理系统示意图

系统支持鼠标键盘直接通过 USB 接入录播主机，配合高清视频实现本地导播。本地导播的优势是应用更稳定，响应速度更快。USB 接口支持接入导播摇杆控制台，提供多元化的导播模式。

（五）其他设备

预监电视：在录播教室侧墙上安装一台预监电视来实时显示教室内的录播画面。授课教师可以实时了解自己的讲课状态，便于及时调整肢体动作，从而保证精品课录制的效果。

LED 时钟：在录播教室的后墙正上方安装一块 LED 时钟，未开始录课时显示标准时间，当教师按下开始录制以后，课程录播开始，同时 LED 时钟从 0 开始计时，便于教师掌握上课节奏。

此外，为了便于管理，一般在录播教室旁边，安装有控制室，将 4K 录播一体机、图像跟踪一体机、数字音频矩阵等设备统一存放，既便于为教室前端的音视频设备提供互联手段，实现信号源的有机结合，也利于实现教学实况实时录制和同步直播。在特殊视频录制时如文艺节目、精品课制作、分组课堂等情况下，信息化管理员在控制室内可通过键盘控制器手动控制摄像机的推、拉、摇、移，确保录制、直播视频按照人为意愿进行。

通过上述设备的完美衔接，最终将整个培训过程录播教室内所有场景全部录制下来生成标准 MP4 视频文件，教师或学员可通过资源管理平台进行直播点播，也可进行后期编辑制作精品课程资源。

第三节　远程录播教室的优势

一、高稳定性

录播一体机和图像跟踪一体机均采用嵌入式结构，机身更加轻薄、便携，有效减少空间上的浪费；选用 Linux 系统，杜绝了使用 Windows 系统易受电脑病毒侵袭的固有问题，系统更安全稳定；低能耗、散热快的优势，能避免高温导致产品机件造成不必要的损耗，保证设备运行的稳定性；嵌入式架构能适应各种环境，如多尘、潮湿、户外等恶劣环境，降低设备故障率，增长设备使用寿命，有效降低人工维护成本。

二、易用性

通过控制面板上的按钮，如图 7-9 所示，教师可实现一键式操作，轻松“录制/停止”课堂教学视频录制，让教师更加专注于授课本身，无需对设备复杂操作。比如：教师可通过网络导播页面设定为自动录播或手动录播。如果是自动录播，只需单击“录制”按钮即可。下课时单击“停止”按钮，即可完成整个课堂的录制。其他操作由系统自主进行，简单易用，极为方便。

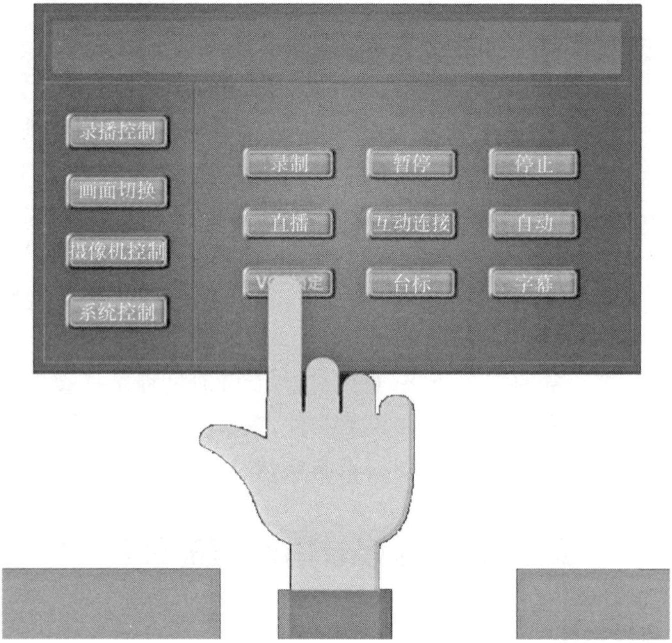

图 7-9　控制面板

三、高性能

(一)多路并发的视频处理技术

远程录播教室采用全过程全高清拍摄的录播技术,能处理九路并发的高清视频,保证采集输入信号的高质量。另外,为保证现场视频录制效果,可根据录制现场的环境情况,同时支持 SDI 视频信号、远端视频信号、HDMI 高清视频信号等信号的混合输入,保证录制的视频效果达到最佳,如图 7-10 所示。

(二)多种录制模式

支持单流和多流录制模式,单流录制模式支持单流单画面、单流多画面等各种显示模式,并可在各种显示模式间无缝切换。多流录制模式下可支持一路电影模式和六路通道视频 1 080 P/30 fps 独立编码,并独立保存为七路视频,各路视频之间没有画面覆盖的情况,能保留最完整的素

图 7-10　互动导播界面

材资料，方便后期编辑。

（三）多点互动教学

录播一体机本身具备远程互动教学功能，内置四点 MCU 多点互动功能，无须外接任何互动服务器，即可实现同时召开四点互动教学；同时和视频会议终端以及 MCU 配合使用，可以组建集团公司、区域大规模同步课堂教学应用。

四、先进的图像跟踪技术

（一）教师图像行为分析

当远程录播教室检测到教师在课堂中走动较多时，优先采用动态拍摄模式，即多以中景与全景拍摄；当教师在课堂中多以坐姿或静止方式教学时，优先采用静态拍摄模式，即多用中景与近景特写拍摄。

在教室多媒体环境当中，教学互动一体机是必不可少的。因此，在采用图像识别技术进行教师行为跟踪识别时，必须考虑到这些图像源的干扰。为避免误识别的产生，远程录播教室经过多次跟踪场景的模拟测试，在软件中允许屏蔽区域的设置，这样有效避免了一体机动画、影子、飘动的窗帘等对于跟踪效果的干扰。

(二)学员图像行为分析

传统图像跟踪当中,是不允许教室过道有人通过的,但在真实的教学环境当中,比如:听课教师的进出等势必会对正常的学员跟踪产生误判,造成垃圾镜头的产生。远程录播教室考虑到教学场景的现实状况,允许在软件调试过程当中人为设置图像识别屏蔽区域。这样,可以根据现场环境设置识别有效跟踪区域,从而避免垃圾镜头的产生,如图 7-11、图 7-12 所示。

单个学生站起来时，首先切换至学生全景画面

待特写摄像机将景位调整至学生特写画面时，切换至学生特写画面

当有多个学生起立时，切换至学生全景画面

图 7-11　学员图像分析界面

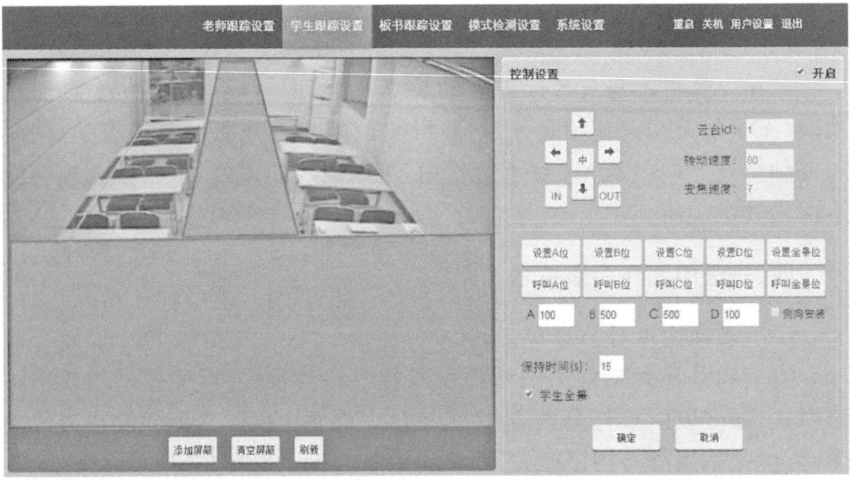

图 7-12　图像识别屏蔽区域界面

(三)板书行为分析

在不同的教室环境当中,黑板的布局是不同的。同时,由于单头定位的特性,采用单一的矩形框模式来标定黑板的位置已经不能满足实际教

学的需求，远程录播教室设计了先进的不规则画框方式来适应不同教室的不同教学场景，从而有效提高板书识别跟踪的准确性和高效性。如图 7-13 所示。

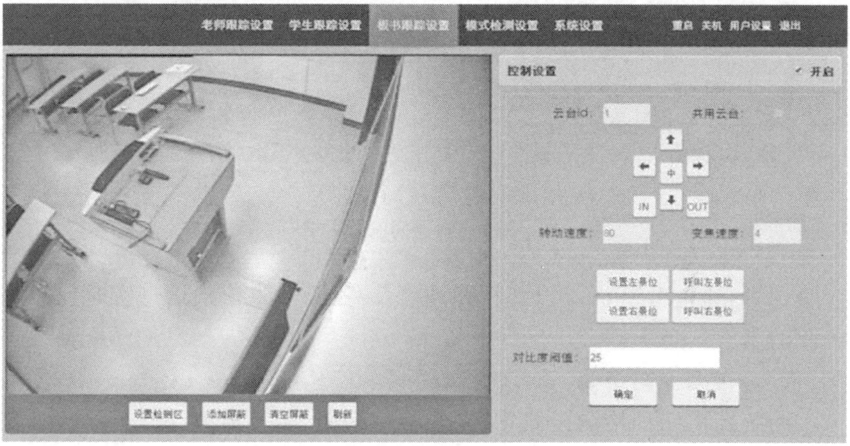

图 7-13　板书跟踪区域设置

（四）先进的全面防抖动技术

在拥有“宽场景画面防抖动技术”的同时，支持创新的“窄场景画面防抖动技术”。

宽场景画面防抖动技术：可对教师自定义数值范围内的移动进行忽略，保持摄像机固定拍摄，以保证画面的流畅及稳定，避免出现画面跳动、遥移等现象。

窄场景画面防抖动技术：在 1.8～2.4 m 的窄场景中，在 0～3 m/s 的移动速度下，人物精确跟踪，不抖动，不丢失。并在精确跟踪教师的同时，完全避免大幅度肢体动作造成的镜头抖动问题，解决了多年的业界难题，实现该领域的重要突破。如图 7-14 所示。

（五）教师身高自适应

可以根据教师身高的不同进行自动调整，使教师镜头始终处于拍摄的合适位置，保证合理构图。跟踪过程连续、稳定、平滑，画面输出稳定。

（六）教师身份认证

为了完善课程信息的建设，系统在录课过程中自动对授课教师进行

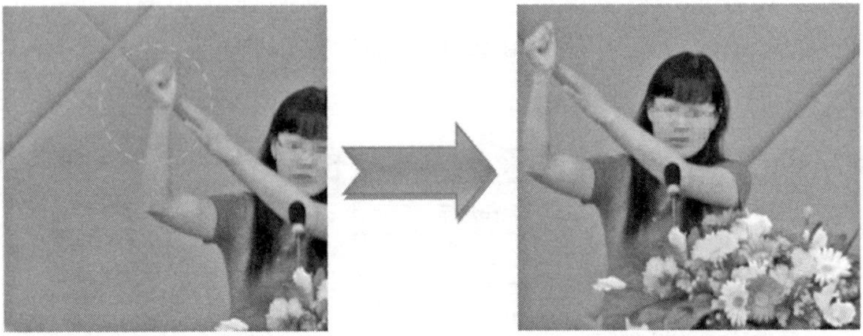

误判拍摄主体　　准确识别主体

图 7-14　画面防抖示意图

人脸识别，通过身份认证识别教师姓名及身份，并将识别信息实时反馈到授课的基本信息上。

（七）模式检测功能

系统提供四种检测模式，分别为板书检测、学员检测、操作台检测，实现学员巡航拍摄、黑板双特写、学员双特写、操作台/试验台特写的自动跟踪，并与录播系统配合，实现画面拍摄，满足培训信息化对不同课程情况的拍摄要求。

五、云聚合应用技术

教学视频应用云平台基于云架构设计的视频服务聚合技术，能将分散在各个教室的录播系统、所有底层视频传输服务进行聚合，提供符合教学设计的视频应用服务，包括视频资源管理、点播、评价等。同时支持基于 Flash 和 HTML5 的播放设计，提供多终端良好的用户播放体验，满足翻转课堂应用需求。

（一）专业音频处理系统

根据教室的大小布置多支吊装话筒，采用超心形指向进行拾音，可将教室内声音进行有效拾取。吊装话筒指向性强，可有效避免环境噪声干扰。配置数字音频处理设备对多路音频信号的智能混音和音质的调节，使录制的声音效果更加清晰。

（二）自动语音增益

数字音频处理器具有 AGC 自动增益控制，自动增益控制提供语音电平调节能力，它把减弱的和加强的信号映射到一个最理想的电平。AGC具有区分加强信号和轻柔信号的能力，完全避免因多个麦克风拾取同一音源，使声音重叠传输，导致声音有隧道音，空洞且失真的现象，使声音录制更加清晰，如图7-15所示。

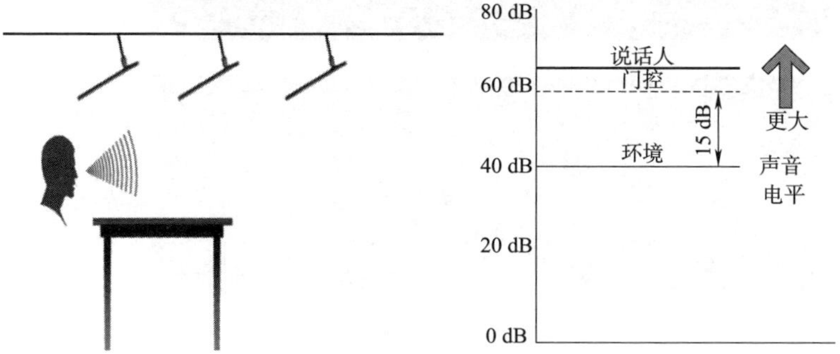

图7-15　自动语音增益示意图

（三）噪声消除

数字音频处理器具有自动噪声消除功能，噪声有两个来源，一是环境噪声，一是设备噪声。这种噪声首先取决于设备的品质。另外，线路的排布、设备之间的连接方法、屏蔽方法等都有重要影响。

在声音处理方面具有噪声抑制功能，远程录播教室自动根据声音的频率不同，将环境噪声及人声自动分离，并将环境噪声消除，如图7-16、图7-17所示。

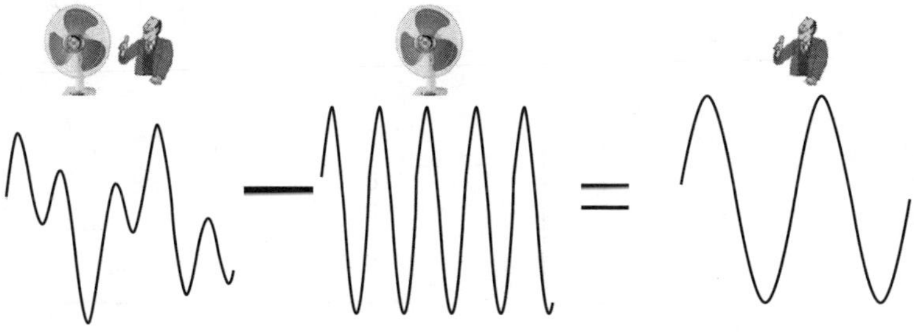

图7-16　噪声消除（正玄波声音形状）示意图

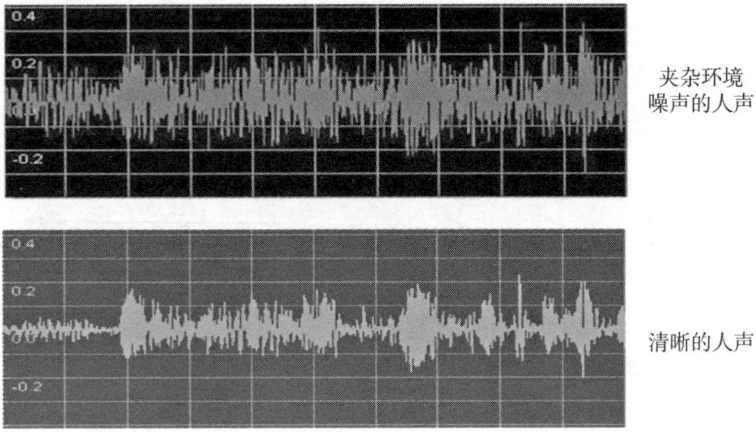

图 7-17 噪声消除(麦克风声音波形)示意图

(四)回声抑制

回声是由于教师自己的声音泄漏到接收回路中,使声音在音箱内再次被重复,尤其是在远程音视频互动教学过程中回声现象经常发生。远程录播教室数字音频处理器支持回声抑制功能,完全避免交互过程中回声的发生,如图 7-18、图 7-19 所示。

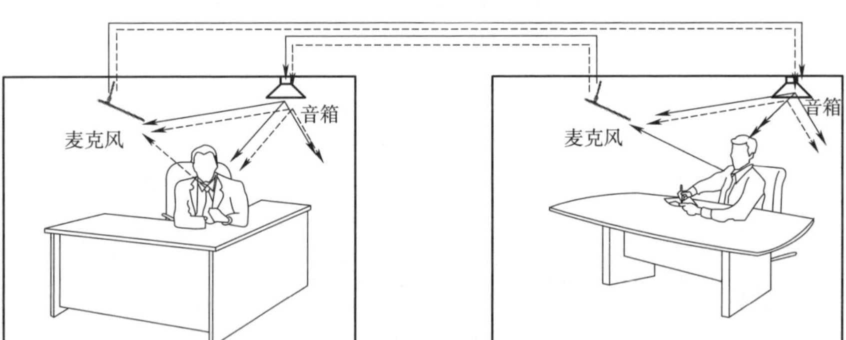

图 7-18 未经处理的回声示意图

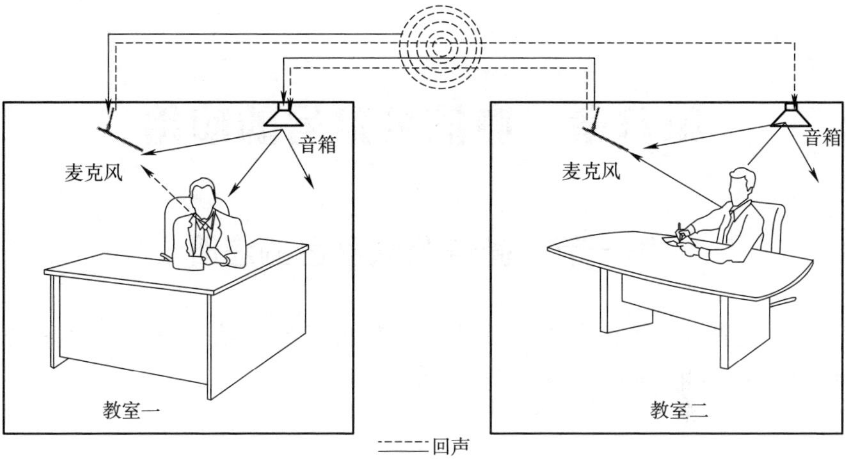

图 7-19　经过录播教室处理的回声示意图

第八章　微信公众号的应用

第一节　微信公众平台的注册

百度搜索“微信公众平台”或者在浏览器中输入网址：https://mp. weixin. qq. com/，出现如图 8-1 所示界面。

图 8-1　微信公众平台登录和注册界面

单击“立即注册”按钮，出现“请选择注册的账号类型”，如图 8-2 所示。

图 8-2　选择账户类型界面

可以通过邮箱来进行微信公众号的注册，邮箱必须满足：一是未注册过微信公众号，二是未绑定过个人微信号，如图 8-3、图 8-4 所示。

图 8-3　基本信息填写界面

图 8-4　企业注册地选择界面

根据需求选择账号类型(目前一经选择，无法更改)，如图 8-5 所示。

图 8-5　账号类型选择界面

选择好了账号类型(订阅号为例)，选择主体类型(以企业为例)，所需材料包括企业营业执照、企业对公账户、运营者身份和手机号码等，如图 8-6 所示。

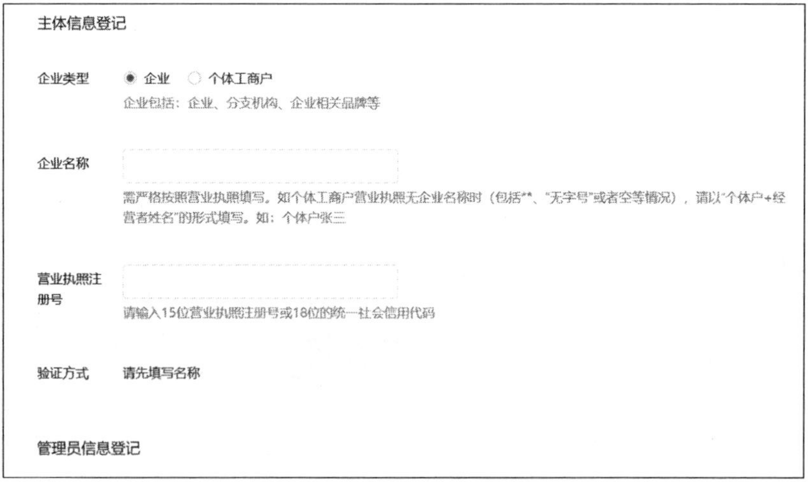

图 8-6　“主体信息登记”界面

在微信公众平台的公开信息进行设置时(见图 8-7)需要注意：

(1)账号名称一经确定，无法变更且不能重复。

(2)功能介绍类似于签名，在公众号名片上显示，诠释功能与特点(每个月可修改一次)。

图 8-7　公众号公开信息设置界面

第二节　服务号与订阅号的区别

服务号和订阅号是大家经常使用的两种微信公众平台类型，但是二者在消息显示区域、群发消息次数和微信支付等方面，还是略有不同，具体如下：

一、类型不同

服务号和订阅号都是公众号的一种。而订阅号又分为企业订阅号和个人订阅号，个人只能申请个人订阅号。而服务号可以用于搭建支付和交易平台。此外，服务号可申请自定义菜单；而订阅号不支持申请自定义菜单。

二、功能及用途不同

在功能及用途上，服务号的功能偏向服务交互。它可以为企业或者组织提供更多的支付功能或者是群发功能，所以一般企业或者各类组织申请的多。因为它要认证，因此需要 300 元每年的认证费，还需要企业或者机构的营业执照。

而订阅号任何个人、任何组织都可以申请。在粉丝不满 500 人的时候，它就是一个只能每天发布文章的普通订阅号，方便客户接受资讯。不管是认证过的订阅号还是没认证的订阅号都不能进行微信支付。

三、信息展示方式不同

服务号每月发四条消息，推送的消息会直接显示在个人微信号的聊天界面。一旦服务号给用户发送消息，用户就能及时即时收到消息提醒。

订阅号每天可以发一条消息，订阅号给用户推送时，消息不会直接显示在聊天界面，而是会集中显示在订阅号文件夹，消息将会折叠，与其他订阅号消息放在一起，用户不会即刻收到消息提醒，需要单击阅读订阅号才可以看到消息，如图 8-8 所示。

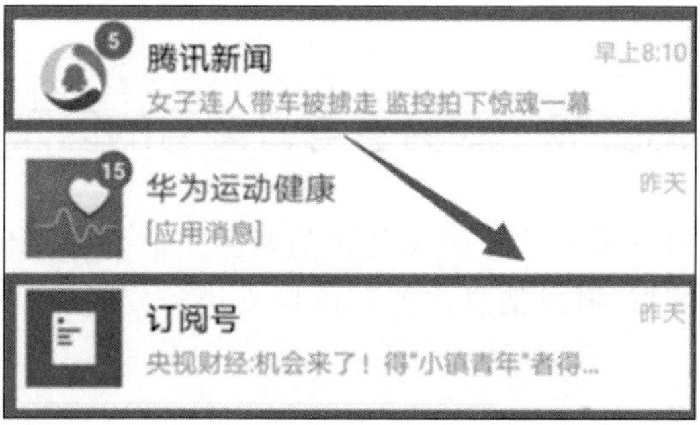

图 8-8　订阅号信息展示界面

显而易见，服务号的曝光率和打开率会更好，这点毋庸置疑。

四、开通主体不同

服务号申请开通主体必须为企业、个体工商户、企事业单位、组织机构，不接受个人申请。

企业商家可以开通同时开通服务号、订阅号，个人只能开通订阅号，适合做自媒体的个人使用。订阅号与服务号的区别，见表 8-1。

表 8-1　订阅号与服务号的区别

项　　目	订　阅　号	服　务　号
群发信息数量	每天一条	每月四条
群发信息显示	没有消息提醒，折叠出现在订阅号文件夹中	有消息提醒，单独显示在用户的聊天列表当中
九大高级接口	无	有
自定义菜单功能	认证后才可申请	可申请
微信支付	无	认证后可申请
名称显示颜色	黑色（非特殊）	蓝色（特殊）

五、服务对象不同

服务号"服务"于留存用户，订阅号则主要依靠"拉新"吸收新用户。如图 8-9 所示的"微助教服务号"和"来推荐公众号助手"。

图 8-9　服务号和订阅号的服务对象界面

第三节　微信公众号的界面和功能

微信公众号注册完成后，就可以登录后台了，进入公众号后台您会发现功能有很多，但是在运营初期，很多功能暂时用不到，这里主要给大家讲的是一些常见常用的功能和设置。

在这里将公众号的基础设置分成了三部分，分别是公众号设置、自动回复和自定义菜单。

一、新号的基本设置

既然是新号，那么一些基本的设置是需要及时更新的，比如头像、名称、微信号及介绍，也许当时注册的时候，对名称和介绍没有想好，觉得开始起的名称不符合自己的心意，没关系的，这些都是可以修改的。首先，在后台首页右上方公众号名称处，单击账号详情选项，如图 8-10 所示。

图 8-10　账号详情界面

此时进入“公众号设置——账号详情”页面，如图 8-11 所示，首先设置账号头像，这和微信头像是一样的，设置个相关头像放上去就可以了。

名称修改请三思后行，因为在认证阶段有机会修改一次（设置一个既能突出名称又简洁得，非常有必要，在宣传中能起到很好的效果）。

账号介绍突出公众号的类型和方向，此处可设置诱导关注。

头像下方的二维码可以单击下载，这个二维码是你自己公众号的二

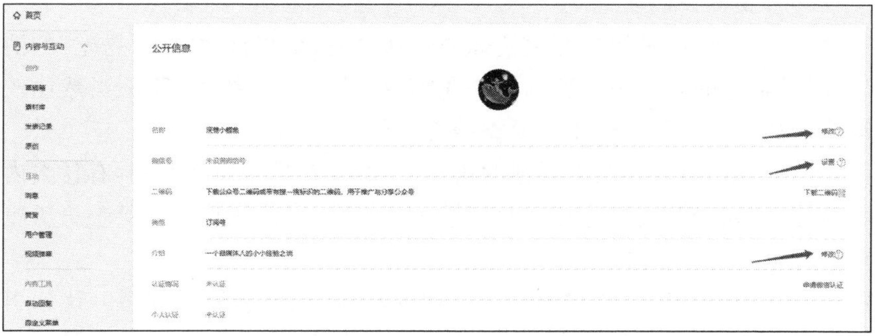

图 8-11　账号详情修改界面

维码，可以下载下来供职工扫描关注。

二、自动回复

“自动回复”有点类似机器人的作用，设置好回复内容后，会在“粉丝”给您发送微信消息时，会自动回复您设置的文字/语言/图片/视频给“粉丝”。

“自动回复”是很重要的，用途也很多，不能随意设置。自动回复分为三类，被关注回复、收到消息回复和关键词回复。回到首页，在左边的选项里可以看到一个选项是自动回复，单击进入，如图 8-12 所示。

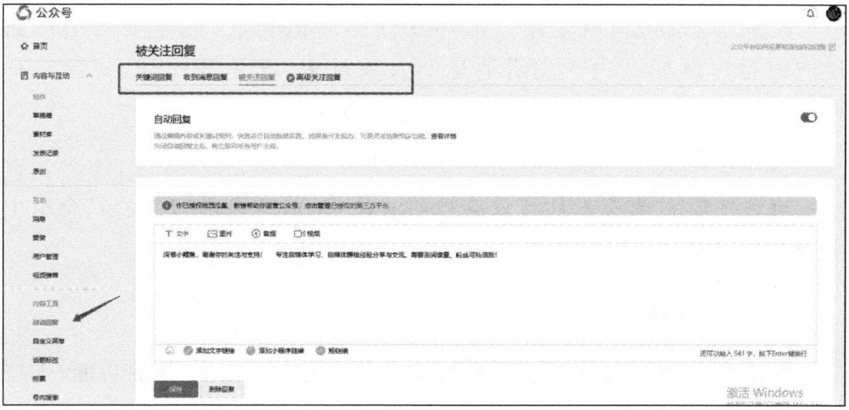

图 8-12　“自动回复”界面

（一）被关注回复

被关注回复，是用户在关注你的公众号后，系统自动发给“粉丝”的消息，同样是你的新用户收到的第一条消息，第一次打招呼，印象当然比较重要。被关注回复的作用主要类型有三种。

(1)方便用户认知：告诉你的用户，你的公众号是做什么的，有什么内容等等，比如告诉用户你什么时候推送，或者是一篇账号中的某一篇历史推送。

(2)引导用户互动：引导用户和你互动，让他能够有参与感。比如引导查看历史消息，引导单击自定义菜单，引导回复关键词查看内容等。

(3)流量利用：即给自己的网站、店铺或者其他公众号等引流。

被关注回复个人认为挺重要的，这是“粉丝”关注公众号会自动回复发送给“粉丝”的第一条推送，如何让你的“粉丝”通过被关注回复对你留下一个好的印象，那就要用心动动脑子了，也可以借鉴一些其他大的微信公众号的自动回复去设置。

（二）关键词回复

关键词回复一般用于用户参与活动或获取服务。如果你是资源贡献之类的公众号，这个功能特别实用，可能根据关键词让“粉丝”找到想要的东西。

（三）收到消息回复

收到消息回复，就是用户给你发任意的语句后，你需要给用户回复的内容。例如：“由于发送消息的人数过多，您稍等片刻，我会一一解答”等。

注意：

消息内容不是或不包括设置好的关键词，消息自动回复的优先级小于关键词回复。

三、自定义菜单

自定义菜单是公众号会话页面中主要与用户产生交互的功能，支持消息发送和页面跳转。

自定义菜单目前可以设置三个一级菜单，五个二级菜单，一共十五个栏目，如图 8-13 所示。

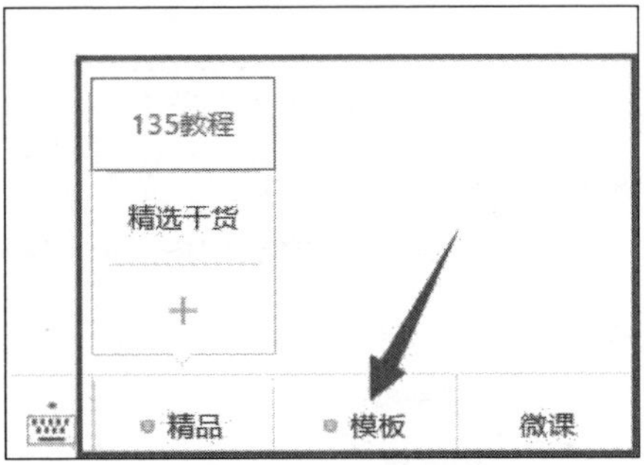

图 8-13　自定义菜单示意图

(一)添加自定义菜单

在微信后台,选择“添加功能插件——自定义菜单”,如图 8-14 所示。

图 8-14　自定义菜单界面

(二)设置菜单栏

进入“自定义菜单”后,选择“新增菜单”,可以逐次设置“一级菜单”和“二级菜单”,如图 8-15、图 8-16 所示。

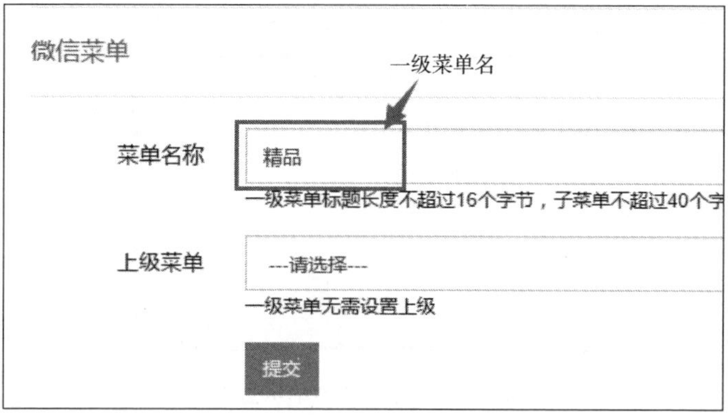

图 8-15　新增一级菜单界面

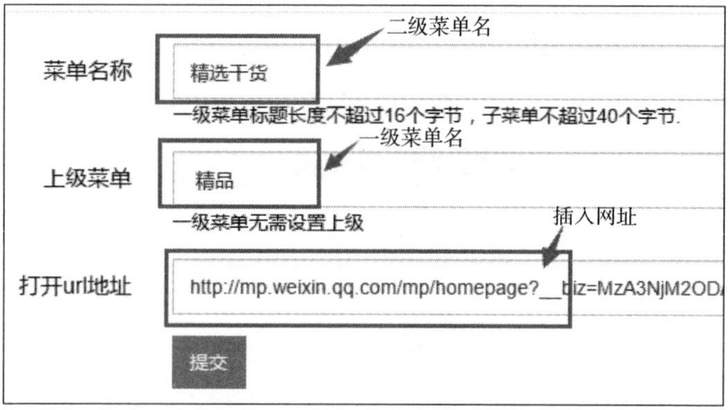

图 8-16　新增二级菜单界面

第四节　微信公众号的日常运营

一、后台管理

微信公众号后台一乱，找起东西来，难免就要花费更多的时间。为了节省时间，管理好后台必不可少。

微信公众号的后台管理，主要分为三大模块：素材管理、消息管理以及用户管理。

（一）素材管理

素材管理的大栏目下，又细分为：图片管理、音频管理、视频管理。

1. 图片管理

在微信公众号后台有一个经常被忽视的功能，称为“分组”。它就相当于在计算机上“文件夹”的操作。通过对图片的分组，把同一篇推文的图片素材集中起来，便于日后查找，如图 8-17 所示。

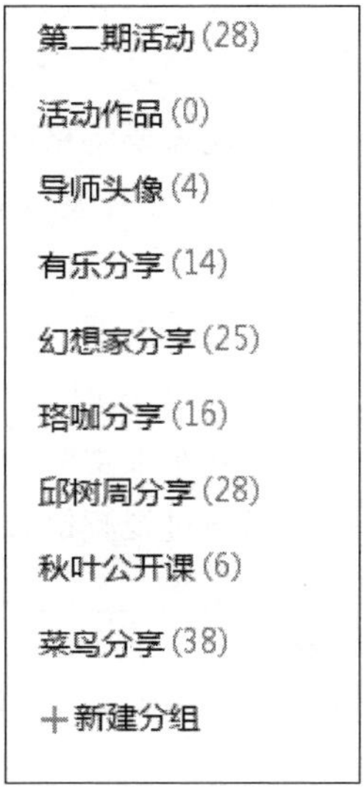

图 8-17　图片分组界面

此外，还可以把同一个分组里的图片名字进行处理。按照引用的顺序来命名图片，这样在预览推文的时候发现某张图不合适或者比例有误，在后台可以直接查找替换图片。

在分组内上传新图片以替换旧图片时，建议把旧图片删掉或者建立一个暂时存放的新分组，将之作为图片素材库，储存还未使用但是图片自身特色明显或者是特别喜欢的图片素材。

2. 音频管理

有时候，需要将语音上传至微信公众号，上传界面如图 8-18 所示。

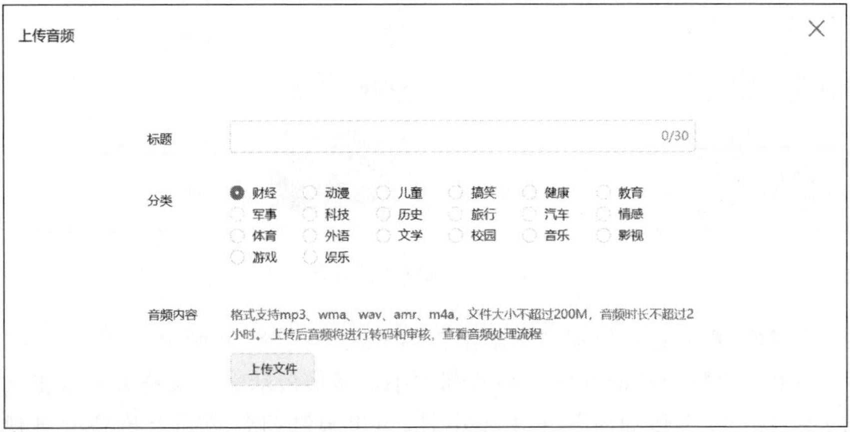

图 8-18　上传音频界面

但如果使用手机录制音频，会发现一个很严重的问题，录制好的音频，不能上传到微信公众号后台。这里要注意：

手机自带录音软件采用的录音格式主要为三种：aac、amr、3gpp。

微信公众号后台支持的语音格式主要为：mp3、wma、wav、amr。文件大小不超过 30 MB，音频时长不超过 30 分钟。

这就需要将格式进行转换，推荐几个常用的格式转换器。

格式工厂：大名鼎鼎的格式转换器，可以转视频、音频、图片的格式。

魔影工厂：可转音频、图片格式。

狸窝转换器：可转换音频、视频格式，截取音视频片段。

3. 视频管理

在发布推文时，有时候需要上传视频，视频既可以在素材库中选择，也可以通过视频链接的方式，如图 8-19 所示。

图 8-19　视频选择界面

当然，视频还可以通过本地上传的方式，如图 8-20 所示。

上传视频同样需要注意格式和大小。微信公众平台支持大多数主流的视频格式，上传的时长小于 1 小时，超出限制的就必须上传到腾讯视频，然后将视频网址粘贴过来。

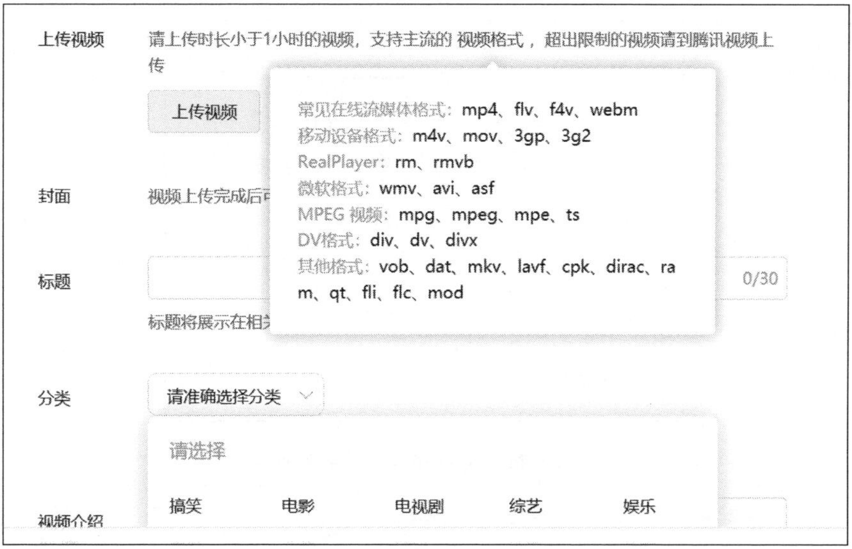

图 8-20　视频本地上传界面

必须注意的是，在腾讯视频上传视频之后，需等待视频通过转码、审核与发布。通常情况下，腾讯视频的转码审核时间大约在半个小时左右，具体视视频长度、视频内容又有不同。只有当视频成功通过审核发布之后，才能在微信推文中正常显示并打开。

(二)消息管理

微信后台的消息管理，主要针对“粉丝”在微信公众号与后台运营团队进行交流和互动。“粉丝”在公众号发送文字、图片或者音频，运营者可以在后台查看并回复粉丝的问题，这对提升公众号的用户黏性有很大帮助，如图 8-21 所示。

这里要跟大家推荐一个也是经常被忽视的功能——星标消息(就是上面那张图的五角星)。星标功能相当于 QQ 邮箱里的星标邮件功能，单击星标后，该消息会显示在“已收藏的消息”中。

先看看微信公众平台给的温馨提示，如图 8-22 所示。

文字消息保存 5 天，其他类型消息只保存 3 天。

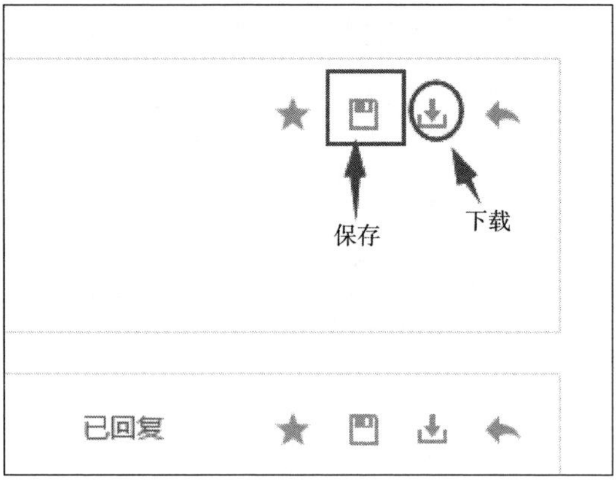

图 8-21　消息保存和下载界面

图 8-22　消息管理界面

一些“粉丝”提出的好建议就因微信后台这一设定，消失在了时间的长河里……

为了解决这个问题，于是星标消息诞生了。只要你觉得这个消息重要，就给它亮灯。点亮它的小星星，就能一直保留这条让你心动的消息。

(三)用户管理

微信公众号还提供了用户管理功能，如图 8-23 所示。

在这里之所以要提出对公众号的“粉丝”进行分组，一方面是为了便于管理，另一方面就是为了实现针对某部分“粉丝”的精准推送。在对用户进行分组之后，就可以实现将某些特定的内容推送给这一部分对“胃口”的粉丝，从而使公众号推送内容更有针对性，如图 8-24 所示。

图 8-23 “用户管理”界面

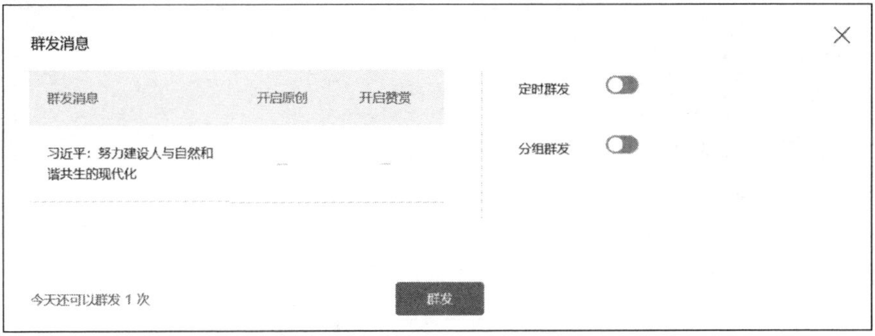

图 8-24 “群发消息”界面

通过选择群发对象，设置推文发送给部分“粉丝”，实现精准推送。当然，既可以选择分组群发，也可以选择定时群发。大家根据实际情况选择即可。

二、推文排版

在运营微信公众号时，接触最多的就是编辑推文相关的一些工具。

（一）编辑界面

在微信公众号首页，“新的创作”栏目中，选择“图文消息”，如图 8-25 所示。

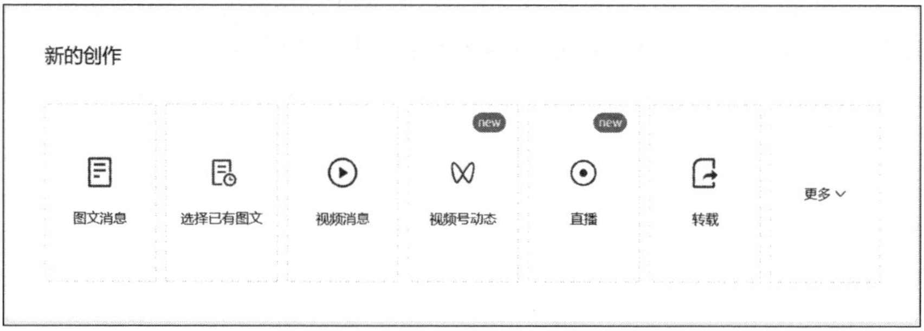

图 8-25 “新的创作”栏目界面

选择“图文消息”,出现如图 11-26 所示界面。

图 8-26 “图文消息”编辑界面

“图文消息”编辑界面是大家经常使用的功能之一。微信公众号的编辑界面更新换代过几次,这是目前最新版的编辑界面。看着比较简单,什么功能在哪里怎么操作,一目了然。其中,大家最经常用到的就是中间部分的“文字输入”、右上角的“图片上传”以及下方的“保存为草稿”“预览”按钮。值得一提的是,“预览”功能在微信推文排版中起着举足轻重的作用。

1. 预览推文排版

将推文排版好保存后,发送给已关注该公众号的微信用户预览。预览时，可以发现推文排版存在的各种问题，通常有这么几种：采用的微信模板变形，不能正常显示；错别字、有语病的段落和句子；图片显示不完全，甚至不能显示；段落文字没有对齐；文字过多过密……

此时，通过阅读推文的预览版，就能对后台推文存在的各种问题进行进一步的修改，以便给粉丝提供更优质的内容和观感体验。

2. 传递通知消息

基本上微信公众号一天只能推送一条消息，因此这条宝贵的群发消息也不能随意拿来用。那么，在需要发布多条通知消息时，就可以利用微信后台的预览功能了。预览版的微信图文可以被分享、转发，与正式的微信推文有着相似的功能。但同时，由于预览版微信图文并没有在微信公众号进行群发，因此不会对所有的粉丝产生推送提示，不会造成对粉丝的"骚扰"。

预览版微信图文会随着后台该微信图文的修改而产生相应的修改，因此也便于消息的更新和传递。在这一点上，正式的微信推送确实不如预览版的微信图文好。

(二)文案撰写

在一篇完整的微信推文里，文案可是大活。文案的水准，在很大程度上决定了这篇推文的阅读量。在微信公众号泛滥的时代，一个好的文案是吸引粉丝关注的关键。要起一个吸睛的好标题，要摸清你的受众群体需要什么；针对卖点，多次重复，直击要害；标新立异，巧妙吸睛。如果需要筛选受众，可以使用术语，如若不然，切忌使用术语。具体的文案撰写，可以多阅读相关的书籍和文章，在此不再赘述。

(三)图文排版

很多知名的微信公众号，本身就形成了自己的内容特色和排版风格，在推送文章时只需按照这个定势去做即可，根本无须花费太多的心思。经常为排版而发愁的，多是还未形成自身排版风格的新生小号。

可以尝试制作简洁风的排版。简洁的排版，一方面看起来舒服，没有密集的文字刺激眼睛，也给人一种很精致的感觉。另一方面，便于吸收信息，节约读者时间。简洁的排版风格就是留白理念的践行。当然，萝卜青菜，各有所爱。适合自家公众号的排版风格才是最好的，也不能说跟风随大流，否则容易"审美疲劳"。

在图文排版这个大问题上，图片是一块难啃的大骨头。图片选取是否恰当合理、画质是否清晰、用户体验如何都是应当考虑的问题。那如何找图呢？

1. 找配图

⚠ **注意：**

找配图时，一定要注意图片的版权问题。

茫茫网海找张合适的推文配图，都可以用大浪淘沙来形容了。找文章配图，最常用的有两种办法：以图找图、直接搜图。

方法一：以图找图

适用性比较小，经常是在别的地方看到某图特别好，特别适合文章需要。但是，图片上该网站的大水印占据了大半个篇幅。这时候，以图找图，去正规的图片网站购买图片或者在相关网站上使用免费图片就是比较好的解决办法了。

搜图虽好，但也不要太乐观！以图找图也存在找不到同一幅、不同尺寸图片的可能性。此时，你需要换个办法，那就是：直接搜图。

方法二：直接搜图

直接搜图是大家使用最多的方法，基本都是在百度图片里输入相应的关键词进行搜索。要想提高找到合适配图的速度，最重要的是提高搜索关键字的选取能力，也就是常说的搜商。在这里可以给大家传授一个小技巧：在查找图片时，在原本输入的关键词之后加上"商务"二字，可以帮助你更快速地找到干净、能用的图片。

寻找高清大图的网站也不仅仅局限于百度，想要找到更加有情调、高端大气上档次的图，需要到更加专业的网站去淘。

2. 图片处理

好不容易在茫茫网海中找到了一张可以用的图片，立马下载下来，放到推文里面去。可是，等到在手机上预览的时候，会发现：

要么，图片太小，根本看不清内容，一放大，全是马赛克……

要么，图片太大，排版精致的正文里，嵌着一张硕大的配图，活生生臃肿了整篇文章，美感全失……

解决图片小的问题，可以上识图网站上找下高清的大图，如果找不着，那可以考虑换一张新的图片。解决图片太过臃肿的问题，就有点技术含量了，需要借助外在的工具来帮忙，这方面的软件很多，比如大家熟悉的美图秀秀、秀米编辑器、Photoshop 等等，在这里就不赘述了。

强烈建议，不管在编辑器上排得多么完美无瑕，一定要在微信公众号后台预览至少一次，以避免类似模板不能识别而变形等问题的出现。

三、拓展工具

运营好微信公众号，不能只关注微信公众平台和微信编辑器。实际上，考验的往往是眼看六路耳听八方的能力。尤其是一些让创意和想法走得更远的拓展工具。

（一）搜狗微信搜索

微信公众号发布的推文一般分为两类，一类是原创推文，另一类就是转载推文。原创推文是自家产的，转载推文来源很多，譬如朋友圈、微信群、自己关注的公众号发布的推文。相比之下，搜狗的微信搜索更像是个大市场，汇集了各方面的微信推文，方便大家选择。

利用搜狗微信搜索，能通过对某热点的搜索，在上面发掘出其他大号对这一热点的切入点和写文案的角度，从而帮助大家寻求到一个更与众不同的视角来写文案。这样往往更能提高一个人的文案撰写能力。

（二）草料二维码

草料二维码是目前国内最大的二维码在线服务网站。利用草料二维码可以实现二维码美化、自制私人订制版二维码、网址或图片以及文字转二维码等。直接把网址放在微信推文中，倒不如将网址转化为一张美化过的二维码，一方面看起来更赏心悦目，另一方面长长的网址复制到浏览器再打开，有点麻烦。长按二维码实现跳转，对用户来说更加方便，节约时间。

（三）短网址

百度短网址：http://dwz.cn/

新浪短网址：http://sina.lt/

在微信推文中放置长长的网址链接，看起来并不美观，如图 8-27 所示。解决这个问题的两个方法，一是把长长的网址链接转化为一张二维码，二是将长网址进行缩短处理，变成短网址。

有时候在微信群看到大家发一些调查问卷或是什么网页的文章分

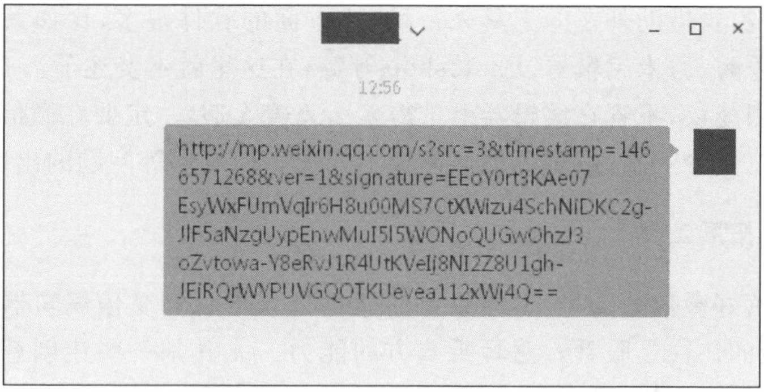

图 8-27　推文中的长网址链接

享，长长的网址一发，瞬间占据了整个手机半个屏幕，直接拉低了好感度。在发网址时贴心将长网址简化，是高情商的一种表现。

(四)投票功能

投票功能是微信公众平台推出的，可以在举办比赛、选举等活动时，用来收集“粉丝”意见的功能。

例如，举办一个单位的职工趣味运动会，这时就可以通过发起一个投票，提供参赛者的照片、姓名等信息给“粉丝”，让“粉丝”投票，最终选出优胜者。

那么，要怎么发起投票呢?

首先，登录自己的公众号后台，在首页找到投票管理的入口，单击进来就可以新建一个投票，如图 8-28 所示。

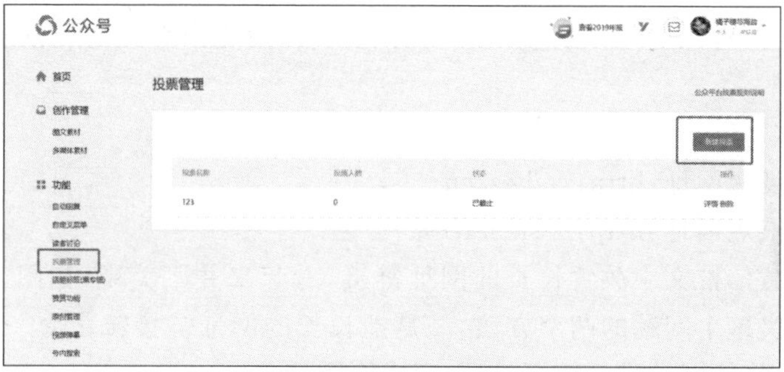

图 8-28　新建投票界面

在设置页面，填好投票名称、截止时间，以及投票的问题和选项。

当完成设置后，就可以新建一个图文，在图文编辑框上方，找到投票按键，单击就能把创建好的投票，插入到文章中，就可以进行发布了，如图 8-29 所示。

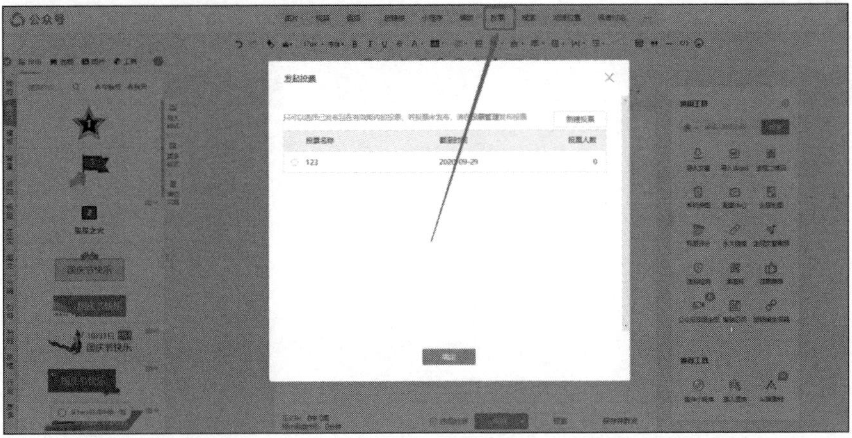

图 8-29　投票发布界面

当投票时间截止后，在公众号后台首页的投票管理模块，找到相应的投票标题，单击查看详情，就可以查看到投票结果啦！如图 8-30 所示。

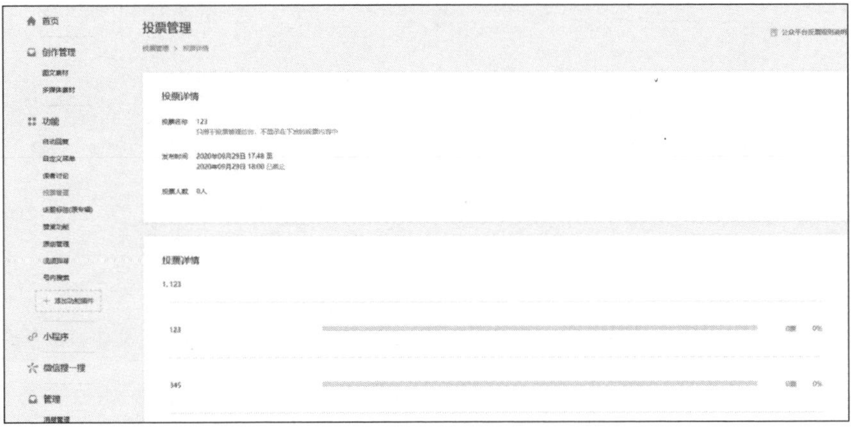

图 8-30　投票结果查看界面

创建了一个投票后，是可以插入在不同渠道，或不同图文中进行推送的。当投票截止后，投票结果会是一个所有渠道图文的累计总值，而不是分别显示不同渠道，或不同图文分别得到的投票结果。而且，同一投票模板同一个微信用户只能在手机微信上投票，且只能投票一次，不能频繁刷票。